毎日を好きなことだけで埋めていく

本田晃一

祥伝社黄金文庫

いまが、楽しくなかったら、
ちょっと試してみてほしい。

自分の心に
問いかけてみることを。

「どうして、
誰かに強制されたわけじゃないのに、
楽しくないことに
毎日の時間を使っているんだろう？」
って。

お金のため？
生活のため？
将来のため？
家族のため？

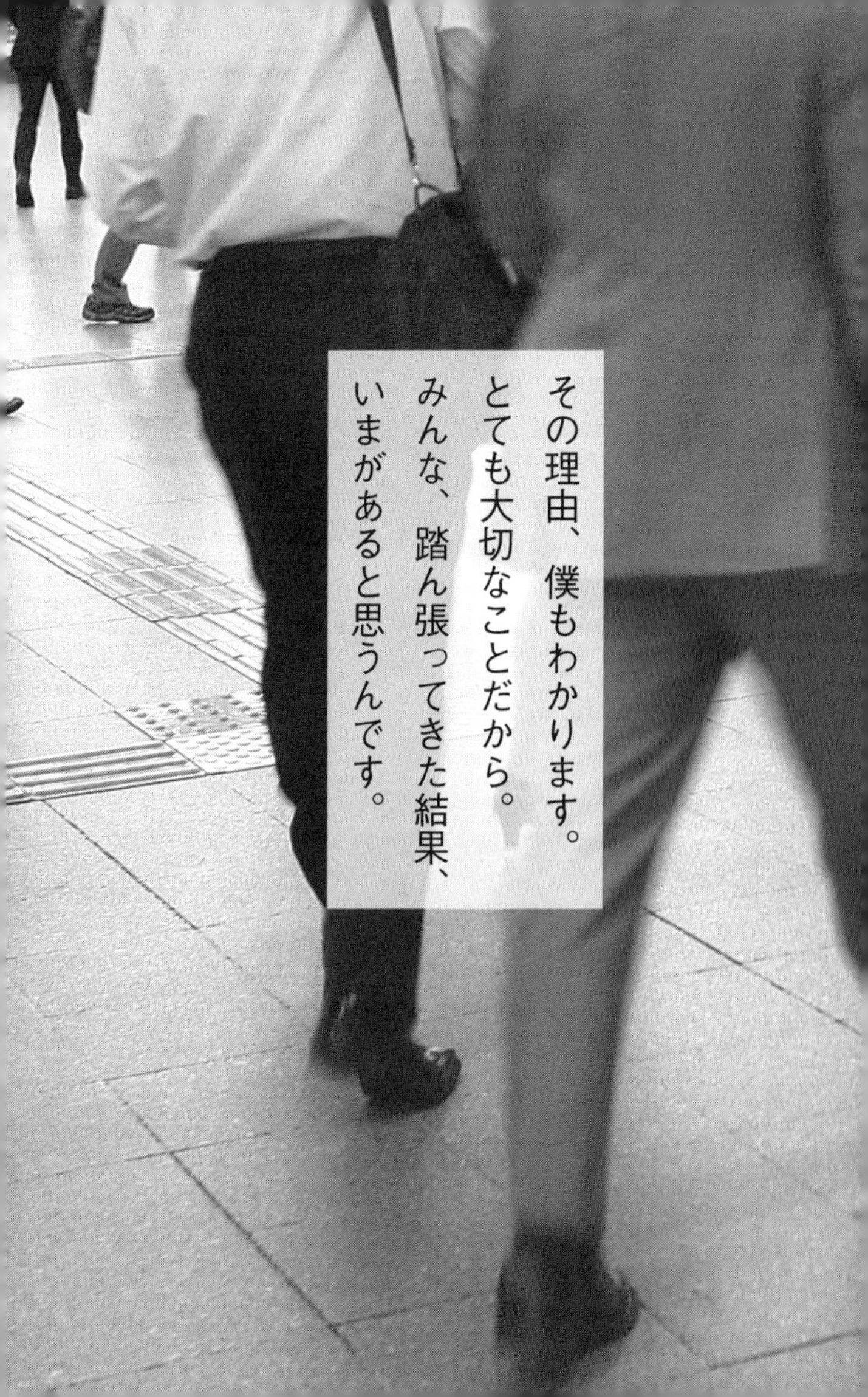

その理由、僕もわかります。
とても大切なことだから。
みんな、踏ん張ってきた結果、
いまがあると思うんです。

でも、ひょっとしたら、
それは「楽しくない毎日」を
過ごす理由には、
ならないかもしれません。

――だって、

「お金を稼ぐためには、
日々しんどいことを
しないといけない？」

「生活を守るためには、
喜びは捨てなきゃいけない？」

「将来のためには、
いまこの瞬間の笑顔を
我慢しなきゃいけない？」

「家族のためには、自分を
犠牲にしなきゃいけない？」

いいえ。必ずしも、
そうとは限らないから。

僕も、かつては疲弊のなかで生きていました。
でも、自分のシステムを書き換えたことで、
毎日が変わっていきました。
だから、みなさんも自由に選べるんです。
新しくて楽しいシステムを。

古くて息苦しいシステムは、
アップデートしちゃえばいいんです。

そんなこと言われても、と思った方、
難しいことじゃありません。
システムをアップデートするために必要なことは、

「嫌い」を減らして、
「好き」で埋めていく

たったこれだけ。

もちろん、
「好き」なことなんてない、と思う人も、
「好き」なことで生きようとして
挫折したことがある、という人も大丈夫。

じつは、「好き」ベースで生きるには、
ちょっとしたコツがあるんです。
だから、その〝トリセツ〟を、
この本でお伝えしたいんです。

**さあ、自分を縛っていたものを、
脱ぎ捨てる準備はいいですか？**

本編の6つのステップで、
あなたを待っています。

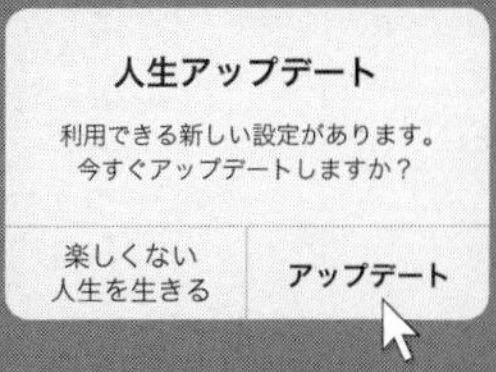
人生アップデート
利用できる新しい設定があります。
今すぐアップデートしますか？
楽しくない
人生を生きる
アップデート

プロローグ

いきなりですが、次の5つの言葉、なんだと思いますか？

1. 人の期待に沿うのではなく、もっと自分が望むように生きるべきだった
2. あんなに一生懸命働かなくてもよかった
3. もっと自分の感情を出せばよかった
4. もっと友達と連絡を取ればよかった
5. 自分をもっと幸せにしてあげればよかった

これは、人生の最期を迎えたときに患者たちが語った、死ぬ間際にもっとも後悔する5つのことだそうです。

『The Top Five Regrets of the Dying』というオーストラリアの看護師が書いた本

で紹介され、その言葉にハッとする人が多く、世界中でベストセラーになりました。

みなさんはこの5つの言葉を読んで、今、何を感じたでしょうか？


この言葉に触れると、僕は20代のときに自転車で挑戦した、オーストラリア横断の旅のことがよみがえってきます。

それは、僕の人生にとって、なにものにも代えがたい経験でした。

旅先で自由に生きる人たちと出会い、自分の生き方もすっかり自由になりました。

たくさんの大変な思いをしましたが、自分が望むペースで走り、道中少しだけ働き、ほとんどの時間を旅に費《つい》やし、自分の感情をどんどん出し、オープンマインドになってたくさんの国の友達が増えていき……心の底から幸せを謳歌《おうか》していました。

それは、僕にとって、これまで経験したことがないくらいの自由を心から味わい、いつだって自分の気持ちを最優先にできた、とても貴重な1年半の経験だったのです。


ところが、帰国後の僕は、諸事情で仕事にかかりきりの状態になり、いつしか自分の気持ちを優先することも、なくなっていきました。

人の期待に応えようとして一生懸命働き、自分の感情にフタをし、友達と連絡することもなくなり、自分の幸せが何かを見失いかけていたのです。

今となっては、どうしてそんな状態に陥《おちい》ってしまったのか、手に取るようにわかります。ただ、当時の僕にはさっぱりわかりませんでした。

それどころか感情にフタをしていたので、自分が不自由になっていることにさえ、気づけない状態でした。

「人生っていうのはこういうもので、仕方のないことなんだ」と信じ込むことで、自分をごまかしていたのです。

あのころの僕は、ほかならぬ自分自身で、自分のことを不自由にしていました。

でも当時は、どうしたらその状態を抜け出せるか、ピンときませんでした。

何をしたら再び自由になれるのか？

どうすれば毎日を好きなことだけで埋めていけるようになるのか？

タイムマシーンがあったら、教えてあげたいなと思う気持ちでいっぱいです。

だから、この本のなかで、あのころの僕にでもわかるように、ステップ化してヒントをちりばめてみました。


人はいつだって自分の人生を取り戻すことができる。

思うように生きることができる。

誰だって幸せになれる。

いつ振り返っても自分の人生を心から喜べる。

後悔するなんて本当にもったいない。


いつの間にか目詰まりして、感じられなくなってしまった「好き」「楽しい」「ワクワク」といった気持ちの源泉に、もう一度つながってほしいと思うのです。

僕は、これまで、大きな夢を叶えた方々にインタビューをする機会に恵まれました。

その方々に共通していることが1つあります。

それは「このままじゃ人生もったいない！」と強く思う瞬間があったということ。

その気持ちを無視せずに、自分の心の中心に据《す》えたとき、人は深い眠りから目覚めたように、羽ばたいていくことができるのです。

だから、もし今、手帳を広げてみて、自分を喜ばせるようなスケジュールが入っていなくても大丈夫。

この瞬間から一緒に少しずつ、毎日を面白いものにしていきましょう。

重いドアを開けるのは、最初の一押しが、一番力がいるものです。

でもちょっとやり続けてみると、気づいたときには、自分の生き方やスケジュールが大きく変わっていることを、実感できるでしょう。

この本が、みなさんに素敵な変化のキッカケを提供できますように……。

毎日を好きなことだけで埋めていく

目　次

Step.1 心のブレーキに気づく

Step.2 イヤなことをやめていく

Step.3 「本当はどうしたい？」を突き詰める

Step.4 自分にオッケーを出す

Step.5 喜びとともに生きる

Step.6 心のなかで親とつながる

ブックデザイン　長坂勇司
DTP　キャップス
編集協力　福島結実子
イラスト　emma
カバー写真　Sunny studio/PIXTA
本文写真　写真AC

Step.1

心のブレーキに気づく

01

「好きなことをして生きたい！」……けど、できないワケ

「本当は好きなことをやって生きていきたいんですけど、できません。どうしたらいいですか？」

ブログや講演会で、こういった質問をよくいただきます。

本当にそうだなあと思います。

今でこそ、僕も好きなように、自由に生きられるようになってきました。だけど、この「好きなことをやって生きる」って、コツを知っておかないと、最初の一歩を踏み出すのが難しかったりするんです。

だから、まず、改めてまとめてみることにしました。

「本当はこうしたい」と思っているのに、「いや、できない」と歯止めがかかってし

まう。それはどうしてなんだろう、と。

本当はこうしたいのに、できない――そのカラクリには、「やった先に、大変なことが待ち受けている」と、あなたが思い込んでいることがあります。

考えてみたらそうですよね。「やってみたら確実にバラ色の人生になる」と思ったら、何も迷わず、すぐやってみるはずですから。

では、「やった先に、大変なことが待ち受けている」と思い込んでしまうのは、なぜでしょうか？

まず、「本当はこうしたいけど、できない」を掘り下げてみると、「本当はこうしたいけど、○○だからできない」という隠れた理由が必ずあります。

そして、この「○○だから」の裏側には、「恐れ」があるのです。

「本当はこうしたい」を実行したら、「○○」という恐ろしい災難が襲《おそ》いかかってくるに違いない、だから「できない」と思ってしまうのです。

これが、「やった先に、大変なことが待ち受けている」の正体です。

たとえば、「本当は会社勤めを辞めて独立したい」と思っているとします。

「それでは食えないだろうから、できない」というのは、独立したら「食えない」という災難が襲いかかってくるに違いない、と恐れているということ。

「家族が路頭に迷うかもしれないから、できない」というのは、独立したら「家族が路頭に迷う」という災難が襲いかかってくるに違いない、と恐れているということ。

「今より忙殺されるだろうから、できない」というのは、独立したら「忙殺される」という災難が襲いかかってくるに違いない、と恐れているということ。

あるいは「独立して成功したら、モテるようになって家庭が崩壊するだろうから、できない」といった恐れが、隠れていることもあります。独立したら「家庭が崩壊する」という災難が襲いかかってくるに違いない、と恐れているわけです。

こんなふうに「本当はこうしたい」けど、それを実行した先には、きっと大変なことが待ち受けていると恐れている。だから、「本当はこうしたいけど、できない」と思ってしまうんですね。

■すべては、壮大な勘違い

これは、「多大なる犠牲を払わなくては、やりたいことができない」と思い込んでいると言い換えてもいいでしょう。

先ほどの例でいえば、「食えない」という犠牲、「家族が路頭に迷う」という犠牲、「忙殺される」という犠牲、「家庭が崩壊する」という犠牲を払わなくては、勤めを辞めて独立できない、と思い込んでいるわけです。

正直にいうと、こう考えてしまうのは、本当にもったいないなあと思います。

なぜなら、「やりたいことをやった先に、大変なことが待ち受けている」というのも、「多大なる犠牲を払わなくては、やりたいことができない」というのも、じつは大きな

その思い込み、幻想かも？

好きなことで生きていきたいなぁ。
だけど、好きなことなんてしてたら、
生きていけないよねぇー
もしかしたら、
ただの思い込みかもよ？

勘違いだから。

独立ひとつをとってみても、独立してちゃんと食えている人もいれば、家族をもっと豊かにできている人もいます。

忙殺されるどころか、自由な時間が増えている人もいます。大きく成功し、愛する家族との絆《きずな》をいっそう強くして、幸せに暮らしている人だって、もちろんいます。

ちょっと調べてみれば、いくらでもヒットするでしょう。

そう、何かしら犠牲を払わなくては、好きなように生きられない……わけではないのです。

現に、何の犠牲も払わずに、好きなよう

にワクワク生きている人は、たくさんいます。僕自身だってそうなれたし、僕の周りも、そんな人がいっぱいです。

「それは、あなたたちが特別だからでしょ?」と思ったかもしれないけれど、いいえ、それも違います。

すべては、壮大な勘違い。

とはいえ、この勘違いは、かなり根深いものでもあります。単に「勘違いだよ」といわれて、すぐに「よし、じゃあ、やってみよう」なんて発想を転換できる人は、あまりいないでしょう。

では、「本当はこうしたい」と思っていることを、「できない」「やってはいけない」と自分に思わせている、勘違いの根っこは何なのか?

まずは、この点をもう少し深掘りし、「心のブレーキ」に気づくというところから、始めていきましょう。

02

誰もが自分を縛る「謎の憲法」をもっている

もし、「本当はこうしたい！」があるのなら、それをやってみてほしい。

僕は心底そう思うのだけれど、それは決して、「今、やっていることをすべて投げ出して、やりたいことのために賭《か》けに打って出ろ！」という意味ではありません。

まずは、最初の一歩として、やりたいことのほんの一部を、すき間時間でやってみてほしい、ということです。そのつかの間だけでも心が満たされたら、人生の幸福度は、だいぶ上がります。

でも、なかには、そんな心の余裕すらもてない、という人も多くいます。

毎日、仕事が忙しくて、休みの日にはたいてい疲れ果てている。すき間時間で、やりたいことを「ちょっとやってみようかな、ワクワク」とも思えない……。

せっかくやってみたいことがあるのに、「本当はやりたくないこと」をしているばっかりに、やってみたいことに向かって進めないのです。

そういう人には、ちょっと考えてみてほしいことがあります。

「自分をそうさせている、このルーツはなんだろう？」と。

疲れ果てるまで働いているのなら、「自分を疲れ果てるまで働かせている、このルーツはなんだろう？」ということです。

さて、どうでしょう。どんなことが思い浮かびましたか？

疲れ果てるまで自分を働かせているルーツは、きついノルマを課す「会社」だ。厳しい「上司」だ。疲れ果てるまで働かなければ食えない、この「日本社会」だ――。

こんなふうに思った人も多いのではないでしょうか。

でも、いいえ、違うのです。疲れ果てるまで自分を働かせているルーツ、それは、じつは「自分自身」であることが大半です。

いってみれば、自分のなかには、いつの間にかつくり上げられた「謎の憲法」があって、それが自分を縛り付けているのです。

■ その憲法には何が書かれている？

その謎の憲法には、たとえば「そうでもしないと～」という条文が書かれています。

毎日、疲れ果てるまで働いているとしたら、次のような感じです。

・「そうでもしないと」、会社のノルマを達成できない。
・「そうでもしないと」、上司の覚えが悪くなる。
・「そうでもしないと」、この日本社会では食えなくなる。

「会社」「上司」「日本社会」というのは、一見、もっともな原因のように思えます。

でも、「そうでもしないと～」という根拠をくっつけているのは、じつは外側の原因ではなく、自分自身なんです。

「そんなこといっても、それが現実だから、仕方ないじゃないか！」と思いましたか？

本当に、そうでしょうか。今、自分がいるところから、ほんの少しだけ視野を広げて、世の中を見てみてください。

「そうでもしないと～」という根拠なんて関係なく、自由に、楽しく生きている人って意外とたくさんいるものです。

彼らが特別なのではありません。

彼らとあなたに違いがあるとしたら、ただ1つ。

謎の憲法から自由であるかどうか、という点だけです。

そうはいっても、自由になるには、ちょっと勇気がいるかもしれません。

というのも、謎の憲法が書かれた根っこには、過去の経験や周りから受けてきた教えがあるからです。

未知の領域に足を踏み出すのは、やっぱり怖い。だから人は往々にして、自分自身の経験や、周りの教えに従って生きようとします。

たとえば、育ってきた過程で、「身を粉《こ》にして働くことで、初めてお金を稼げるんだ」と周りから教えられたとします。それをあなた自身が「だよねー」「ですよねー」と自分の憲法に採用した結果が、今、無意識のうちに毎日遅くまで働いている、という現実につながっていたりするわけです。

こういう背景があるため、謎の憲法は、そうとうなクセものです。**人は、周りからの教えや自身の経験をもとにして生まれた「考え方」（＝謎の憲法）を正解だと思って生きています。どうしても、そこから、なかなか解き放たれません。**

■「本当にそうかな？」で扉が開く

ただ、ここで1つ気づいていてほしいなと思うのは、「だよねー」「ですよねー」と謎の憲法に従っている時点で、自分を幸せにするための思考が停止してしまっているということ。

ちょっと勇気を出して、過去の経験や教えによって熟成されてしまった謎の憲法を「本当にそうかな？」と疑ってみることで、自分を幸せにする扉が開くのです。

小さな子どもと違って、僕らはもう自由です。

子どもは、大人の言いつけを守ることが身の安全などにつながるけれど、大人になったら基本的に、誰が何といおうと従わなくていいはず。

にもかかわらず、幼いころに大人の言いつけを守ってきた記憶が影響して、経験や教えに「だよねー」「ですよねー」と従うクセがついてしまっているわけです。

さて、あなたのなかには、どんな謎の憲法がありますか？　手始めに、自分のなかには、どんな「そうでもしないと〜」があるだろう、と考えてみてください。

03

自分のなかにいる「看守」と向き合う

今までの話を読んでみて、どうでしょう。好きなように生きられない原因が、ちょっとわかってもらえたのではないでしょうか。

好きなように生きると、何か大変なことが待ち受けているという恐れがある。

←

というのも、自分自身の「謎の憲法」によって、自分が縛り付けられているから。

←

だから、「こんなことしたいな」とか、逆に「こんなことはしたくないな」と思っても、自分で自分に歯止めをかけてしまう。

ざっとまとめると、こういうことです。

じゃあ、どうしたら、こうした制約から自由になれるでしょうか？

ここで、自分のなかに、たくさんの小さな「看守《かんしゅ》」がいるとイメージしてください。

「やってみたいこと」をやってみようとしたとき、あるいは「やめたいこと」をやめようとしたときには、決まってその看守たちが発動します。

そして、さっきお話ししたみたいな恐れや謎の憲法を振りかざし、好きなようにしてはいけない理由を掲げて、「ダメ！」っていいます。「独房に入れー！」と、いっそう厳しくあなたを縛り付けようとします。

だから好きなように生きるには、まず、そんな看守たちに対処する必要があります。

■「ウケる〜！」って笑いながら「脱獄」しよう

といっても、看守と戦って、黙《だま》らせるということではありません。

看守の言い分を理屈で何とかしようとするのではなく、「うわ、私のなかには、こんな看守がいたんだ、ウケる〜！」と笑ってみる感じです。

「縛られてる自分はなんてダメやつなんだ！」と看守と戦うと自己否定につながるので、ギャグっぽく対処したほうがいいです。

ギャグっぽくすると、頭ではなくハートに響いて、自分にダメ出しばかりする看守の力を、フワッと和《やわ》らげることができます。ちょっとだけ、心が脱獄できるのです。

あなたのなかには、どんな看守がいるでしょう？

彼らは、どんな理由を掲げて、あなたに歯止めをかけていますか？

それをはっきりさせるために、やりたいことがあるのにあなたが「そうしない理由」「できないと感じている理由」「やってはいけないと思っている理由」を、ぜんぶ書き出してみるのもいいと思います。

たとえば、有給休暇をとって一人旅に行きたいと思ったとしましょう。

冷静に客観的に考えれば、行きたいのなら、行けばいいですよね。もし友だちが同じことをいったら、「行けばいいじゃん」というでしょう。

でも、自分のこととなると、急にブレーキがかかってしまうのです。

「こうしたいな」と思うそばから、「うっ」と何か抵抗や葛藤《かっとう》を感じるとしたら、それは看守が発動しているということ。

「お、出たな看守！」と思って、その言い分を探ってみてください。

有給休暇なんてとったら、上司の機嫌を損ねるし、仕事が回らなくなる。

一人で旅をしたら、「あなただけずるい」ってパートナーから責められる。

有給休暇をとったとしても、いざ飛行機や宿を予約しようとしたら、「一人旅にこんなにお金使っていいのか？」なんて考えが頭をよぎる。

挙げ句の果てに、「本当に一人旅なんてしたかったんだろうか？」という疑いが浮かんでしまう……。

自分のなかには、いろんな看守が…

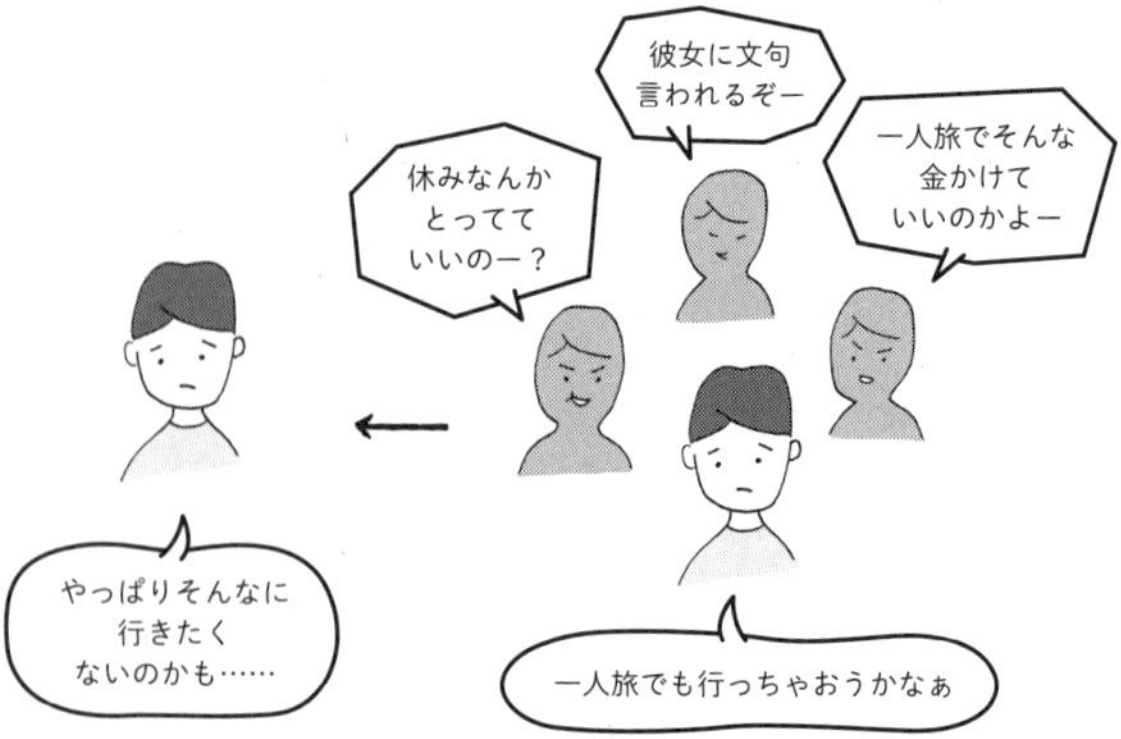

じつは、これらすべてが、看守の言い分です。

あれやこれやと理由をつけて、「やりたいことをやってはいけない」「楽しんではいけない」などと、自分に足かせをはめようとするのです。

しかも、その理由というのは、自分自身が生み出した小さな看守がいっていること。**自分のなかの「謎の憲法」に沿って看守が警告してくるわけで、自分にとって、「誰がいうより、もっともらしい理由」なのです。**

つまり、看守の言い分を疑えないまま、「だよねー」「やっぱり有給とって一人旅なんてダメですよねー」と従ってしまいがちなのです。

■僕が生まれて初めて新車を買ったとき

僕自身、いまだに、「うわ、こんな看守がいたのか！」と思うことがあります。

少し前に、新車でいい車を買ったときもそうでした。

それまでは中古車しか買ったことがなかった僕にとって、人生初の新車です。うれしくて、うれしくて、みんなにいいたい。だけど、何かが引っかかって、素直に「生まれて初めて新車でいい車、買ったよ～！」っていえませんでした。

その引っかかりのもとは、「自慢したら、人から何ていわれるかわからない」という不安でした。とくに親がいい顔をしないだろうなと、ビクビクしていたのです。

僕の父親は、経営者だったこともあって、お金のことには厳しい人でした。

だから、「中古車で十分なのに、新車なんか買って……」って批判されるような気がしていたんです。

ところが本当は違いました。あるとき、思い切って、買ったばかりの車で実家に行ったら、父親から「おっ！　これ新車か？　かっこいいな！」といわれたんです。

よく考えてみれば、「新車を買ってはいけない」と父親にいわれたことなんて、一度もありません。要するにこれも、自分のなかの看守の言い分に過ぎなかったのです。**「新車を見せびらかしたら、お金に厳しい父親から怒られるぞ」と、忖度《そんたく》して勝手に恐れていたわけです。**

僕の場合、大人になっても、父親がどう思うかが気になり、自分で稼いだお金を自由に使うことに抵抗感をもっていました。でも、冷静に考えてみたら、そんな自分を発見して「えっ、まだそこに縛られてたんだ。ウケる～」となったのです。

■看守は悪いやつではない

では改めて、イメージしてみてください。

本当は外部からの圧力ではなくて、自分の姿をした何人もの「ミニ看守」が、ワーワ

ーいって、自分に足かせをはめようとしている――。

なんか、ちょっとシュールじゃありませんか？

だからこそ、「ウケる〜！」でいいんです。

そもそも看守は、自分に足かせをはめる存在ではあっても、決して悪者ではありません。看守が「ダメ」っていうのは、自分を守りたいがためでもあります。

過去の経験や周囲の教えに照らせば「やめておいたほうが安全だよ」と、自分に対する愛情があるからこそ、ブレーキをかけるのです。

ただ、そういう看守の言い分が、多くの場合、過剰な制約になってしまっています。

僕たちはもう大人なのだから、過去の経験や周りの教えに従うのではなく、今の自分自身の思考や感覚で、やりたいことをやっていいのです。

だから、看守と戦わず、看守の存在を否定せずに、笑っちゃうこと。

そのための効果的なひと言が、「ウケる〜！」というわけです。

「ウケる～」で看守が成仏していく

自分、車買っちゃいけないと思ってたんだ、ウケる～
ウケる～
一人旅は、安上りにしなきゃいけないと思ってたのか、ウケる～

看守は一人ではないし、言い分もさまざまです。今の自分の心が、何かに惹《ひ》かれては、看守が発動して「ダメ」って言う。おそらく、永遠に、この繰り返しでしょう。

そんななかでも、好きなように生きるためには、自分のなかの看守が顔を出すたび、まずは「ウケる～！」と笑っちゃうことをクセにしてください。すると看守のエネルギーが成仏《じょうぶつ》していきます。

こうして頭で考えるのではなく、ハートに響かせ、少しでも心が軽くなったら、看守にうまく対処できたということ。

好きなように生きて幸せになる扉は、こうして少しずつ開いていきます。

04 何かを得るには、苦労しなくてはいけない？

突然ですが、質問です。

「大変な思いをして登頂した富士山から見るご来光《らいこう》」

「ヘリコプターで降り立った富士山の山頂から見るご来光」

どっちのほうが、感動が大きいと思いますか？


こう聞かれたら、たぶん、ほとんどの人が「大変な思いをして登頂した富士山から見るご来光」のほうが感動する、と答えると思います。

苦労が大きいほど感動も大きくなるという、一種の「ギャップ萌え」ですね。

僕も、オーストラリア大陸を自転車で横断し、ようやく辿《たど》りついたシドニーで、かの有名なオペラハウスを見たときには、そりゃあもう感動しました。

もちろん、この自転車旅は、自分がやりたくて始めたことだけど、思っていたよりずっと大変で……、でもオペラハウスを見た瞬間、それまでの疲れが、ぜんぶ吹き飛ぶような感動を覚えたのです。

それが後年、ふたたびオーストラリアを旅行し、フェリーからオペラハウスを見たときには「ふーん、まあ、きれいだね」という程度でした。

やっぱり、砂まみれになりながら自転車をこいで、こいで、こぎまくってから見たときの感動とは段違いだなと思ったものです。

というわけで、僕自身にも覚えのあることなのだけど、このギャップ萌えの仕組みもまた、心のブレーキの一因になっています。

「何かを得るには、苦労しなくてはいけない」

つまり、苦労することが前提条件になっているために、「ラクして何かを得ること」にブレーキがかかってしまうのです。

本当は何も苦労をしなくても、世の中には感動があふれているはずです。

それなのに、苦労との落差でしか感動できなくなっている。だから、感動するために、わざわざ苦労するように自分を仕向けている場合が多いのです。

■歩いてもヘリコプターで飛んでいっても、山頂の景色は同じ

この点で、よく引き合いに出すのは、書家で友人の武田双雲《たけだそううん》さんです。

彼いわく「山登りして見た景色に、僕は特別に感動しない」――そのココロは、「ヘリコプターで飛んでいって見ても同じじゃない？」ということです。

さっきの質問は、じつは、この双雲さんの言葉にびっくりしたので、みなさんにも聞いてみようと思って挙げました。

彼の心は、「苦労して登頂した富士山から見るご来光」にも「ヘリコプターで降り立った山頂から見るご来光」にも、同じように感動することができるわけです。

裏を返せば、これは「ご来光を見て感動するには、苦労して自力で山を登らなくて

はいけない」という発想から自由であるということ。

つまり「ラクして何かを得てもいいじゃん」というオッケーが、まったく自分を責めることなく、出ているのです。そうなると、毎日が感動だらけです。

実際、双雲さんといると、思わず笑ってしまうほど、身の周りのいろんなことに感動しています。

一緒にご飯を食べているときに、持っていたフォークをカシャーンと取り落として、「こーちゃん！　あの夕日、やばくない？　超感動！」なんて言いだしたり……（笑）。

彼は、もともとが苦労ベースではないから、労せずして得ているものすべてに、素直に感動できるんですね。

これって言い換えるとすれば、「子どもゴコロ」なんだと思います。

僕には8歳と2歳になる娘がいます。彼女たちはきっと、富士山に登ってご来光を拝《おが》まなくたって、なんでもない林でドングリ拾いをするだけで、めちゃくちゃ楽しむでしょう。100パーそうに違いないと思います。

ラクしても感動できると、ラクな現実がやってくる

やったー頂上だー。
やっぱ苦労した甲斐が
あったよね。最高！
その快感を求めすぎると、
「喜びを感じるために
苦労する自分」を
引き寄せちゃうよー！

感動と苦労の度合いを天秤《てんびん》にかけないのは、子どもの純真さのなせる業《わざ》なのです。

それに引き換え、多くの大人は、苦労とのギャップでしか感動できないから、感動するために苦労を呼び寄せている、といってしまってもいいでしょう。

■「ラクして得られるもの」は意外とたくさんある

苦労の度合いと感動の度合いを天秤にかけるのが、絶対にダメだといっているのではありません。

「がんばったかいがあったね」という達成

感も、ときにはいいでしょう。

ただ、それだけを感動の基準としていると、日常のベースが苦労で埋め尽くされかねません。

いってみれば、たった1日だけ好きなものを食べるために、364日は我慢する、というようなものです。そんなの、すごくつまらないし、苦しいですよね。

でも大多数の人は、「イヤだなあ」と表面的には思いながらも、これと同じことを無意識のうちに受け入れてやってしまっているのです。

おそらく多くの人に、「何かを得るには苦労しなくてはいけない」という発想が、必要以上に強くしみ付いています。

だからこそ、ここで正反対のオプション、「ラクして得たっていいじゃん」という新たな発想をもってもいいんじゃないかと思うんです。

すると、ラクして得られるものが、意外と多いということにも気づけます。

何も気負わずにヒャラララ〜ってやったことが、すごく人に喜ばれたとか、トントン拍子で進んだ仕事が、予想以上の成果を招いたとか……。

それこそ、双雲さんみたいに、日常の何気ない風景や、当たり前だと思っていたことに感動、感謝できるようにもなるでしょう。

こんなふうに、「ラクして得る」という経験を味わい、感動するほどに、「何かを得るには苦労しなくてはいけない」から解放されていく。

こうしてまた1つ、心のブレーキが外れるというわけです。

05

「我慢の達人」をやめちゃおう

心のブレーキが強いと、我慢することが当たり前になります。

そして、我慢することが当たり前になればなるほど、心がマヒして、自分が好きなことはもちろん、本当はイヤだと思っていることすら、わからなくなってしまいます。

……なんて、かなりヤバそうなニュアンスを出してしまいましたが、これくらいの状況になっている人は、世の中にいっぱいいいるんじゃないかと思うんです。

あなたにとって「我慢すること」は、どれくらい当たり前になっているでしょうか？

目安は、「これ好き！」「これイヤ！」って即座に反応できるかどうか。

もし、好きなことも嫌いなこともボンヤリとしていて、「ただ、なんとなく毎日、おもしろくない」という感じなのだとしたら、すでに我慢の達人レベルかもしれません。

そんな人に、まず、やってほしいことがあります。

といっても、超～シンプルなこと。

だけど、きっと多くの人が、日ごろ我慢しすぎて、できていないこと。

何かというと、夜、たっぷり眠ってほしいのです。

■「たっぷり寝る」を3日間、これでも大違い

最近のあなたは、毎晩、何時間、寝ていますか？

僕が知る限り、達人レベルにまで我慢することが当たり前になっている人は、あまり寝ていません。

残業ばかりで日付が変わってからベッドに入り、朝早くに起きて仕事に出かける。

そんな毎日を過ごしている人ばかりです。

心と体はつながっているから、体の疲れがとれないと、心の疲れもとれません。

こうして、心身ともに疲れきっているなかで我慢を続けるから、なおのこと、心がマヒしてしまいます。

そのなかで、目の前の仕事に追い立てられ、知らないうちに、人生が「やりたいこと」ではなく、「やらされていること」でいっぱいになってしまうのです。

ここで重要なのは、「寝る時間を確保する」と決めてしまうこと。「何が何でも日付が変わる前に寝る」などと決めてしまうことです。

現在やっていることが好きなのか嫌いなのか、やりたいのかやりたくないのかは、今は考えないでください。

まず「ちゃんと寝るぞ」と決めてしまう。

残業せずに帰って、おいしいご飯を食べたら、お風呂に入ってすぐに寝てください。

これを1週間……いや、3日、続けるだけでも心に変化が現われるはずです。

■ **無理しなくても、だいたい何とかなる**

少し前にも、「やりたいことがわからない、とにかく今がツラい」とグルングルンに悩んでいた知人に、「よし、とりあえず寝よう！」とアドバイスしたことがあります。

最初、彼は怪訝《けげん》な顔をしていたけれど、次に会ったときには、見違えるように表情が明るくなっていて、予想以上の効果に僕も驚きました。

聞けば、「よく寝るようにしたら、たしかに気持ちに余裕が出てきて、会社に行くときも気持ちがギスギスしなくなった」といいます。

それに、「寝る時間を確保するには、残業をやめなくちゃいけない。そうしたら仕事が回らなくなるって思っていたけど、じつはそんなこともなくて、意外と何とかなりますね……」ともいっていました。

これは、とてもいい傾向だなと、僕はニヤニヤしちゃいました。

よく寝たら心に余裕ができたし、残業しなくても何とかなる。彼だけがうまくいったわけではなくて、世の中って案外、そんなものなのです。

といっても、これでメデタシメデタシ、そのまま今いるところでがんばろう、という話ではありません。

「寝ると心の余裕ができる」というのは、いわば「出発点」です。

そこから、イヤなことをやめたり、自分が心からワクワクできるものを見つけたりといった、本当に大事なプロセスが始まるのです。

Step.2

イヤなことをやめていく

06

「心の羅針盤」を復活させていく

好きなように生きられないのは、心のブレーキがかかっているから、という話をしてきました。

「そうでもしないと～」といった謎の憲法や、自分のなかの看守の縛り付け。

それに加えて、何かを得るには苦労しなくてはいけない、といった思い込み。

前章で挙げたものは、代表的な心のブレーキとその具体例です。

それを参考に自分を振り返ってみてもらえれば、きっと、「ああ、自分にもこんな心のブレーキがあったんだな」と思い当たるところがあるはずです。

そうしたら、今度は、少しずつ心のリハビリをしていく段階です。

ブレーキに気づいて、すぐに好きなことに向かって進めたらいいのだけど、なかなかそうもいかないと思います。

というのも、長い間、心のブレーキによって自分に歯止めをかけてきたばっかりに、自分はどんなことが好きなのか、本当はどうしたいのか、わからなくなってしまっていることも多いからです。

ひと言でいえば、心がマヒして、無気力で無感動な状態。この状態だと、素敵なことが向こうから飛び込んできても、心が動きづらいのです。

「好きなように生きようって言われても、自分には、それほど情熱を傾《かたむ》けられることがない。そんな自分は、今のまま生きるしかないんだな……」

日常にモヤモヤしながらも、あきらめモード。ひょっとしたら、あなたも、似たような状況になっているかもしれません。

でも、あきらめることはないのです。

今は、ちょっと自分が見えなくなっているだけ。心のブレーキに気づいたことで、ちょっとずつ自分が見えてきます。

■「イヤだったんだね」「我慢してたんだね」——自分に寄り添う

人は、誰もが自分自身の心の羅針盤《らしんばん》をもっています。

たとえば、子どもは、「あれ、なんだろう？」って思ったら、すぐに手を伸ばすし、「これ、おもしろいなあ！」って思ったら、いつまでも遊びますよね。

こんなふうに、子どもは心の羅針盤の精度が高くて、しかも、その針が示す方向に迷いなく行動できます。

だけど大きくなるにつれ、さまざまな心のブレーキが現われて、徐々に、自分自身の心の羅針盤の針が狂ってしまうのです。

本当は暖かい南に進みたいのに、寒い北の方向へと強引に引き寄せられている、といったらイメージしやすいでしょうか。

そんな心の羅針盤の精度を急に取り戻し、進路を変えようと思っても大変です。

だから、ひとまず「本当はどっちに進みたいのか」は置いておいて、「どっちに進みたくないのか」から向き合っていくといいと思います。

つまり「本当は何がしたいのか」ではなく、「本当は何をしたくないのか」から考えてみるということです。

手始めに、日常のなかで「これ、本当はイヤなんだよな」と思っていることを、ざっと書き出してみてください。

そしてリストを眺めながら、自分にこういってあげてください。

「ああ、こんなことがイヤだと思っていたんだね」

「そっかそっか、今まで我慢してたんだね」

こうして自分に対して理解を示すだけでも、心の羅針盤の針が少し、本当に進みたい方角に向かってピクリと反応します。まず、これが第一段階。

で、次に、全部じゃなくていいから、ちょっとだけ実際にやめてみます。

たとえば、

「上司に愛想笑いするのがイヤ」だったら、3回に1回は笑わない。

「オフィスの電話に出るのがイヤ」だったら、3回に1回は知らんぷりしてみる。

「自宅で仕事のメールを読むのがイヤ」だったら、3回に1回は放置する（そして、自宅転送の設定そのものをやめちゃう！）。

「お皿洗いがイヤ」だったら、3回に1回は放置してみる。

「毎日、そうじ機をかけるのがイヤ」だったら、3日に1回程度に減らす。

――という具合です。

■「ダメ人間」になってしまっていい

すると徐々に、「イヤなことができない、（世間的に見たら）ダメ人間」になっていきます。

「そんなダメ人間になっちゃったら大変、やっていけない」なんて思いましたか？

でも、じつは、その考えこそが、「ダメ人間になっちゃったら大変、やっていけない」という現実を引き寄せている、といったらどうでしょう。

どういうことかというと、次のような仕組みになっています。

自分で自分自身に対して、「ダメ人間になっちゃダメ」と強く思っている

↓

すると「ダメ人間になっちゃダメ」という人たちがいる環境から抜け出せない、もしくは、「ダメ人間になっちゃダメ」という人たちが周りに集まってくる

↓

「ダメな自分」を責めてくる世界が、より現実のものとなっていく

社会人として、ちゃんとしようと思ってきた人にとっては、びっくりな話かもしれません。この話を聞いても「ダメな自分」への抵抗感が強くある人もいるでしょう。

でも、ここでわかってほしいのは、自分の望む好きな生き方をして、本当に幸せな人生に変えるために、今、心の羅針盤を復活させようとしているんだ、ということ。

つまりマヒした心をケアして、素直に「好き」や「やりたい」を感じられたところに戻れるように「リハビリ」をしているわけです。

そのために、イヤなことをやめていく。

「ちゃんとしなくちゃ」という考えに縛られた心を、ゆるめてあげる。

そういうプロセスが必要なのです。


すると、少しずつ自分の好きなものが見えてきます。

心の羅針盤の精度が少しずつ復活して、その針が指し示す方向へと、罪悪感も恐怖もなく進めるようになります。

これは言い換えれば、自分が本当に心地よく生きられる環境が、少しずつ整っていくということ。

きっと、イヤなことをやめても、「あれ？　意外と大丈夫なんだ」と気づくはずです。

今までは心の羅針盤が狂っていたから、イヤなことにも我慢しなくてはいけない、残念な環境に自分を置いてしまっていただけなのです。

ダメ人間、上等じゃないですか。

まず、「ダメ人間になっちゃダメ、絶対！」という思い込みを外すために、さっきいったみたいな感じで、日常の中にあるイヤなことを1つだけ、3回に1回だけ、やめてみてください。

■自分が「生まれたての赤ちゃん」だとしたら？

心の羅針盤の精度が落ちている人に、急に「自分が好きなように生きよう」といっても、たいていは、「えーっと、自分の好きなことって……？」なんて思考停止になってしまいます。

ずっと心のブレーキがかかっていたのだから、それも無理はありません。

もし心当たりがあるのなら、こう考えてみるのもいいでしょう。

自分が「生まれたての赤ちゃん」だとしたら——と。

赤ちゃんに、使い古してゴワゴワになったタオルなんて使いません。

赤ちゃんが泣いたら「いない、いない、ばあ！」とあやしたり、「お腹が空《す》いたのかな？　オムツかな？」と世話を焼いたりと、機嫌よくなるようチヤホヤします。

それと同じ発想で、自分のことを扱ってみてほしいのです。

「もっとがんばらないと……」「寝る間を惜しんで……」と自分自身を責めている人は、生まれたての赤ちゃんをゴワゴワのタオルで包んで、泣いているのに放置するのと同じこと。そんなの、あまりにもかわいそうですよね。

本物の赤ちゃんは、周りの大人がチヤホヤしてくれるけれど、僕たち大人は、自分の機嫌は自分でとらなくちゃいけません。だから、自分を生まれたての赤ちゃんだと思って、大切に扱うこと。

心の羅針盤を復活させていくためにも、「何が気に入らないの？」と、ちゃんと自分のご機嫌伺いをしてほしいなと思います。

07 イヤでも引き受けてしまうのは、「いい人でいたい」願望

好きなように生きていくには、まずイヤなことを少しずつやめていくこと。

そのためには、まず「何がイヤなのか」を自覚することが必要です。だけど、自覚したところで、また大きな壁が現われる場合があります。

それは、「本当はイヤだ」って自分でわかっているのに、やめられない、という壁。

「頼まれたらノーといえない」タイプの人が、たいていぶち当たる壁です。

たとえば、会社で急ぎの案件に対応しなくてはいけないときに、「君、やってくれないかな～」といわれて、本当は手一杯なのに「やります」と引き受けてしまう。覚えはありませんか？

ではなぜ、本当は引き受けたくないのに、引き受けてしまうのでしょう。

「ノー」といえないのは気が弱いから、それもあるかもしれませんが、もっと根っこにあるのは、「いい人でいたい」願望です。もう少し深めていえば、「愛されたい」願望といってもいいでしょう。

断って相手の期待に背《そむ》きたくない、「できないんだ」と思われたくない、だから「ノー」といえずに、つい引き受けてしまう。そして「さすが！」なんて感謝されて、ちょっと誇らしくなったりする。どうでしょう、なんとなく思い当たりませんか。

社会に出ると、上司や同僚、会社組織などなど、評価をされる場面はどんどん広がっていきます。すると、育ってきた過程で「いい子でいなくては……」と思い込んできた人ほど、社会に出てからも、いい人であろうとがんばって、引き受けたくないことまで引き受けてしまいがちになります。

ここに、「本当はイヤだと思っていることでも、つい引き受けてしまう」という心の仕組みがあるのです。

■「あ、できません」といえるマインドのつくり方

でも、完全無欠ないい人なんていません。ずっといい子でいようとしてきた結果、あなたの心は傷つき続け、次第に傷ついていることにさえ気づかないほどになって、「よくわからないけど、人生が楽しくない状態」になってしまったのではないでしょうか。であれば、もう「いい人でいたい」願望は手放してみませんか？

そのためには、自分の不完全さも含めて、自分自身のことを愛してあげることです。**もっといえば、完璧じゃなくても、いい人じゃなくても、愛されていいんだと、自分に許可をあげるのです。すると、「いい人でいたい」願望が徐々に解消され、無茶振りにも、だんだんと「あ、すみません、それはできません」と断れるようになってくるのです。**

もちろん、断ったあなたに、相手は失望を見せるかもしれません。

最初は、また「愛されたい」→「いい人でいたい」願望がうずくかもしれないけれ

「いい人でいなきゃ」の呪いにかかっていませんか？

これ、明日までに
やっといてねー
あ…、はーい
いい人じゃないと愛されないって思い込んできたんだね。
「いい人じゃなくても、愛される」って考えてみると、
周りの状況が変わってくるよ！

ど、「これをやったら愛される」というのは、しょせん条件付きの愛情にすぎません。

本当は誰もが、無条件に愛されたいし、愛されていい存在です。だからやはり、やりたくないことは「ノー」でいいのです。**「私は愛されたい」から「引き受ける」ではなくて、「私は愛されたい」けど「それは引き受けたくない」**。

自分は無条件に愛されていい存在だと信じることができれば、そう考えることができるはずです。愛情とは本来、何かと引き換えに受け取るものではないのだから、「引き受けたくない」という気持ちのほうが、ずっと大切なのです。

08 「イヤだったなあ」をしっかり味わう

イヤなことを自覚できても、実際に「やめる」となると、二の足を踏んでしまう場合も少なくありません。その一因は、「いい人でいたい」願望がくすぶっているから。これは前項でお話ししたとおりです。

そして、さらにもう1つ、イヤだと自覚しても実際にやめられない原因があります。**それは、イヤなことをしているときの「イヤな感じ」を、しっかり味わっていないこと。「こんなのは、もうこりごりだ！」と自分に刻まずに、その場限りで何となく流してしまうことです。**

すると、ふたたび似たような状況になったときに、「イヤだ」っていう感情が働きづらくなって、イヤなことを回避しづらくなってしまうのです。

これも、一種の「慣れ」といっていいかもしれません。

イヤだって自覚しているのに、中途半端に懲《こ》りる程度でやり過ごして、次も我慢することが習慣のようになってしまっているわけです。

■マイルドに懲りないこと

たとえば、どうしても残業をして、終わらせなくてはいけない仕事があるとします。

残業なんて、できればしたくないですよね。でも、どうしても終わらせなくてはいけないのだから、「よし、がんばろう」と思って残業するでしょう。

重要なのは、その最中です。

もう帰りたいのに帰れない、すごく疲れた、寝不足になった、ちゃんと食事ができなかった、デートを断らなくてはいけなくなった、ギリギリで間に合った終電の車内がお酒臭くて気分が悪かった……。

などなど、残業にまつわる絶望、「イヤな感じ」を、しっかり味わうこと。

ただし、他者を責めると負のスパイラルに入ってしまうため、残業しなくてはいけない仕事を振った上司を恨《うら》むというのはナシです。

あくまでも、今後、イヤなことをやめていくための絶望なので、状況そのものや、自分をその状況に置いてしまった自分自身に対して、しっかり懲りるというのがポイントです。


人間には高い学習能力があるのだから、絶望をしっかり味わうほどに、そんな絶望を味わう状況は二度とつくるまいとするはずです。

なかには、たびたび残業する羽目になっている、という人も多いと思います。

それは、自分のスキルが低いからだと思っているかもしれませんが、多くの場合、原因は、違うところにあったりします。

今もいったように、単に、「残業してイヤだったな」というのを、しっかり味わわなかったために、残業を回避するセンサーが働きづらくなっている、それだけかもしれないのです。

残業は、ほんの一例です。

つい上司やお客さんの無茶振りに応えてしまうのも、「前回、これでイヤな思いをしたんだった」っていう感覚が薄れてしまっているからでしょう。

やっぱり懲り方が中途半端で、マイルドすぎるのです。

だから、前項で説明したような「いい人でいたい」願望が勝ってしまうともいえます。

でも、「ああ、イヤだったなあ」と、ちゃんと懲りると、次に似たような状況になったときに「え〜！　マジ無理！」「イヤだ！」という感じで素直に反応できます。

イヤなことの最中に、しっかり絶望することが、また1つ、イヤなことをやめていくきっかけになるというわけです。

■絶望を味わったら「ポイ」しよう

頭のなかで絶望するのもいいけれど、行動でも表わすと、より効果的です。

そこでおすすめなのが、「本当にイヤだった」「こんな思いは、もうしたくない」と紙に殴《なぐ》り書きして、くしゃくしゃに丸めてゴミ箱にポイ！　すること。

紙に書くのは絶望の「見える化」。

ゴミ箱にポイ！　するのは「二度とやらない」という決意表明です。

こうして行動にも表わすことで絶望が記憶に刻まれ、似たような状況をつくりださない回避センサーが働き始めるでしょう。

最初から、イヤなことはきっぱりやめて、好きなように生きていく、なんてことがパーフェクトにできる人は、おそらくいません。

自分の「好き」の純度を上げていくために、まず、イヤなことを自覚して、少しずつやめるように自分を持っていく。
それには、実際にイヤなことに直面したときに「も〜イヤだ！」「こんな思いは二度とするもんか」って、しっかり絶望することも必要なのです。

好きなように、幸せに生きるための本なのに、「絶望をしっかり味わう」なんて、ちょっと意外な話だったかもしれません。

世の中には、「どんなこともポジティブに捉《とら》え直そう」「物事のいい面を見よう」という考え方もあります。でも、こうした考え方には、ちょっと危ない一面もあると、僕は思っています。

「ポジティブに考えなくちゃ」と思うばかりに、イヤな気持ちにフタをするだけになることが多いからです。

まさに「臭いものにはフタ」。その瞬間は、イヤな気持ちが消えたように思えても、本当に消えたわけではありません。

これが積み重なったら、ひたすらフタをしてきたイヤな気持ちが、自分のなかでどんどん発酵していきます。挙げ句の果てに、どこかの国の、ものすごく臭い発酵食品の缶詰のように、ちょっとした刺激で爆発しかねません。

だから、自分の気持ちをごまかしてやり過ごすのではなく、自分の気持ちとちゃんと向き合ってほしいと思います。

09 やみくもな努力、苦労は、もうやめよう

今、何かツライ状況にあるとして、そこから抜け出せずにいるとしたら、「この苦労が、きっと将来に生きる」という考え方が、その一因かもしれません。

具体的に何に生きるか、それはわからないけれど、今、苦痛に耐えてがんばることが、いつかきっと報われるに違いない――こんなふうに考えて、我慢を続けてはいないでしょうか。

「そうとでも考えないと、とてもやってられないよ……」という気持ちもあるのかもしれません。

でも僕は、やっぱり、今がツライなら「ツライ」とはっきり自覚して、抜け出すほうへと動いてほしいなと思います。

苦労や努力を全否定しているわけではありません。一生懸命がんばることが、大きな成果を連れてくることも多いでしょう。

ただ、「いつか」「何らかの形で」「報われる」と信じて、やみくもに苦労や努力を重ねるというのは、どうしても、幸せにつながるやり方とは思えないのです。

■一流スポーツ選手は、意外と練習していなかった？

以前、元体操選手で、オリンピックメダリストの池谷幸雄《いけたにゆきお》さんと対談させてもらったときに、とても興味深い話を聞きました。

体操選手の練習って、すごく過酷なイメージがありますよね。たしかに、一流選手になるには厳しい練習が必要だけど、池谷さんが話してくれた練習スタイルは、僕が抱いていたイメージとはかなり違いました。

同じ技を、やみくもに「100回やって50回成功する」のと、しっかり自分を整え、集中力を高めた状態で「10回やって9回成功する」のとでは、後者のほうが、ずっと効

果的なのだそうです。

とにかく回数を重ねて、技の精度を高めていくものだと思っていたので、この話には、びっくりしました。

でも、100回やって50回成功するのは50パーセントの成功率で、10回やって9回成功するのは90パーセントの成功率だと考えれば、納得です。

たとえ50回成功しても、同じくらい失敗したら、成功イメージが薄れてしまって、本番で本領を発揮しづらいのでしょう。

スポーツ選手といえば、武田双雲さんからも、元プロテニス選手の杉山愛《すぎやまあい》さんについての話を聞いたことがあります。

なんでも、双雲さんと杉山さんは、双雲さんが杉山さんのお母さんのテニススクールに通い、杉山さんも双雲さんの書道教室に通ったことがある関係だそうです。

そんなご縁もあって、現役時代のことを聞いた際、「練習時間は、1日たったの2時間だった。それ以上になるとクオリティが落ちるから」と話してくれたそうです。

池谷さんと杉山さん、このお二人の話には、どこか通じるものがありますよね。

努力は努力でも、「きちんと考えられた努力」と「やみくもな努力」があって、結果につながるのは、きちんと考えられた努力のほう、ということなんだと思います。

■ 努力のなかに、「うふふ」があるかどうか

心のブレーキが強くて、自分叩きが習慣になっている人ほど、ツラい現状を根性論で乗り切ろうとしがちです。

「将来のために、きっと必要な苦労なんだ」って無理やり自分をなだめて、我慢を続けてしまうのです。

でも本当は、より素敵な自分になることに、苦痛なんて必要ないはずです。

「こうなりたい！」「こうしたい！」という思いに突き動かされて、がんばることは素敵です。

「喜び」がない努力はやめてみよう

このツラさは、
いつか役に立つはず！
お金貯まったら
買おっと、うふふ
今を犠牲に
し続けてるけど、
本当にいいのー？

〈苦しい努力〉　〈うまくいく努力〉

たとえば、高校生が、バイクを買うお金を貯めるために、暑い夏はダラダラ汗をかきながら、寒い冬には凍《こご》えそうな手をこすりながら、ガソリンスタンドのバイトをがんばる。

じつはこれは僕自身の話なんだけど、こんなふうに、願いを叶えることに直結するがんばりならば、叶っていないうちから「うふふ」な感じで、苦痛はありません。

一方、漠然と「いつか」「何らかの形で」「報われる」といってがんばっている状況には、この「うふふ」がありません。

だったら、そんな苦痛しかない状況に、自分を置いておく必要はないと思うのです。

10

「がんばらないとできないこと」は、「人に任せていいこと」

誰にでも、好き嫌いや得意・不得意があります。だからこそ、複数の人が、自分の「好き」や「得意」を持ち寄って、世の中は成り立っています。

このシンプルな仕組みに従えば、すべてを自分一人で背負い込んで、がんばらなくてはいけない道理はないでしょう。

そのうえで、2つほど、自分自身に聞いてもらいたいことがあります。

まず1つめ――今の仕事で、どんなことをがんばっていますか？

そして2つめ――その「がんばっていること」は、心から楽しめることですか？　それをしている最中に「あー、楽しい、幸せ」と感じるでしょうか。

もし、自分が楽しくないのに、「ちゃんとしなくちゃいけないから」「やらなくちゃいけないから」というだけでがんばっているのなら、さっきのシンプルな仕組みを思い出してください。

誰にでも、好き嫌いや得意・不得意はある。

だからこそ、複数の人が、自分の「好き」や「得意」を持ち寄って世の中は成り立っている。

あなたが、楽しめないのにがんばっていることが、ほかの誰かにとっては楽しめて、しかも、がんばらなくてもできること、かもしれないのです。

■なぜ、苦手なものほどがんばってしまうのか

人の才能とは、「息をするようにできること」に隠れていると、僕は考えています。

たとえば、僕の知人に、人の話を引き出して文章にまとめるのが、すごく得意な人がいます。

そこで必要とされるのは、自分の悩みや弱みをさらけだして、相手からアドバイスを引き出すこと。彼は、相手に等身大でぶつかることが天才的にうまいからこそ、多くの人の心に響く話を引き出すことができるのです。

もし下手にプライドが高い人だったら、自分の悩みや弱みをさらけだすなんてこと、そう簡単にはできないでしょう。

でも、その彼に「これって君の才能だよね」といっても、いまいちピンと来ていない様子。彼にとっては、それこそ「息をするように」当たり前にできることだから、自分では、それが特別な能力だと思っていないのです。

その代わり、彼は人前で話すことが、すごく苦手だといいます。

「本田さんは、すごいですよね。あんなに大勢の人の前で、ぜんぜん緊張せずに話せるなんて。それに引き換え、僕は何度試しても、てんでダメで……」なんて、シュンとしていました。

なるほど、やっぱりな、と思いました。

意識しなくてもできる＝才能と気づこう

自分が当たり前にできることだと思ってることのなかに、楽しい人生のヒントがあるよ！
でも、文章すごくうまいじゃん！
人前だとすぐ上がっちゃって…ウジウジ
あー、あれぐらいのことは別に大したことないんで…

彼の話しぶりから、人がなぜ劣等感に苛《さいな》まれ、苦しい努力をしてしまうのか、その心理メカニズムが改めてわかったように思えたからです。

才能とは、意識しなくてもできることだから、自覚しづらいもの。

逆に、才能がないことには、はっきりと「できない」という自覚があるだけに、劣等感が生じがちです。

だから、苦手なことほど、楽しめないのに「がんばって、できるようにならなくちゃ」と、苦しい努力を続けてしまうのです。

■「苦手」を放棄すると、「感謝しかない人生」になる

ここでふたたび、あのシンプルな仕組みを思い出してください。

「がんばらないとできないこと」は、「がんばってでも、自分でやらなくてはいけないこと」ではありません。

「がんばらないとできないこと」は、「自分には才能がないこと」であり、だからこそ、「人に任せていいこと」なのです。

これからは、なるべく、自分ができないことを背負うのはやめて、恥ずかしがらずに「できない」と正直に表明しちゃってください。

そうしたら、あなたにとっての「嫌い」「苦手」を、「好き」「得意」とする人が、きっと現われます。

こうして周りとの幸せなコラボレーション関係をつくっていくことで、また１つ、イヤなことから解放されるというわけです。

その先にあるのは、「感謝しかない人生」です。

自分が嫌いで苦手で、それでもがんばってきたことを、「私がやるよ！」って喜んで引き受けてくれる人がいるのだから、感謝しかありませんよね。


「人に任せる」というと「それは、イヤなものを人に押し付けることだ」と思う人もたくさんいそうだけど、違います。

「押し付ける」というのは、あくまでも自分視点での話で、自分が嫌いで、苦手なことだから、「押し付ける」という感覚が生じるだけです。

それが好き、それが得意という人から見たら、「押し付けられたもの」ではなく、「喜んでやるもの」なのです。


「人に任せる」というのは、好き嫌いや得意・不得意を周囲の人たちと分かち合うということ。

そんな素敵な輪を、自分の周りにつくっていくということなんだと考えてみてください。

11
時間、お金、人間関係を「自分ファースト」にする

ここまで読んできて、いかがでしょう。

イヤなことをやめていく。少しずつなら、できそうですか？

そうしたら、次に、ちょっとやってみてほしいことがあります。

時間とお金、そして人間関係を、「自分ファースト」にしてください。

自分の好きなことに時間を割《さ》けない、自分の好きなことにお金を使えない、自分の好きなように人と付き合えない――。

好きなように生きられない具体的な要因は人によって違うけれど、たいていは、時間、お金、人間関係が他人に牛耳《ぎゅうじ》られていることに集約されるように思います。

裏を返せば、この3つを「自分ファースト」にすることが、自分を大事にして、好き

なように、幸せに生きる人生につながるということです。

いきなり100パーセントとはいいません。

5パーセントでも10パーセントでもいいから、今より多くの時間、お金、人間関係を自分ファーストにする。自分のことを「自分様」だと思って、時間とお金を使い、人間関係を整えてみてほしいのです。

これまで心のブレーキに気づき、イヤなことを少しずつやめてきたあなたなら、好きなことを捉える心のセンサーも復活してきているはず。

だから今後は、「これいいな」「こんなことしたいな」と思ったものに、ちょっとお金と時間を割いてみてください。

時間を自分ファーストにするには、スケジュール帳に「自分自身との予定」を入れてしまうのもおすすめです。

「時間ができたら、好きなことをしよう」と思いつつ、人と会う予定や仕事の予定で埋まっていく……。きっと誰にも覚えのあることでしょう。

これでは自分ではなく、他人ファーストです。人と会う予定や仕事の予定も大切だけど、同様に「自分様」との予定も先に入れてしまいましょう。

人間関係の快適度を上げることも、すごく大事です。

どうしても付き合わなくてはいけない人もいるとは思うけれど、苦手な人や嫌いな人とは、なるべく距離をとる。そして、自分が本当に好きな人、大切にしたいと思う人との関係に、以前よりもっと心と頭と体を使ってください。

■紙に書いて貼っておくのも手

心がけるだけでは、なかなか実践できないかもしれません。

とくに、今までいろんな心のブレーキをかけて、たくさんイヤなことにも耐えてきた人は、そのクセが骨身にまでしみ込んでしまっています。

「自分ファースト」と頭ではわかっていても、ハートに落ちるまでには、ちょっと時間がかかります。

しばらくは、「時間、お金、人間関係を自分ファーストにする！」などと紙に書いて、目に付くところに貼っておく、というのもいいでしょう。

大人は幸いにも、自分で自分を再教育することができます。

毎日のように「自分ファースト」と目にしていれば、徐々に、自分ファーストを実践できるようになるでしょう。

そして気づいたときには、すっかり「自分ファースト体質」に変わっている自分を感じられるはずです。

Step.3

「本当はどうしたい？」を突き詰める

12

「こうしたい！」――心がスパークすれば、どうとでもなる

好きなように生きられたらいいけれど、「好きなように生きている自分」の姿が、そもそも想像できない、という人も多いと思います。

お金や時間がたくさんあったら、好きなように生きられるに違いない。でも、お金といえば月々のお給料、休みといえばせいぜい週休2日の余暇《よか》。それ以上のお金や時間があるイメージが湧かない――。

そんなふうに思ってはいないでしょうか。

じつはこれ、すべて逆です。

どういうことかというと、人間、どうしようもなく心が動いたことは、何とか実現するように、頭も体も動くものなのです。

つまり、「お金や時間ができたら、好きなことができる」のではなくて、どうしようもなく心が動いてしまえば、不思議とお金も時間も、どうにかなっていくということ。

心が動くと、いくらでもアイデアが浮かぶし、たとえ最初はうまくいかなくても、「じゃあ、次行ってみよう！」と、つねに前進できます。

ワクワクしているときって、失敗しても落ち込んでいるヒマなんてないんです。

このように、先に心が動くと、その心に従って、どうにかなるように自分も動けます。さらに、自分が動けば動くほど、流れに乗って周囲の環境も、どうにかなるように、うまいこと転がっていきます。

たとえば、本当にやりたいことを楽しんでいると、そのエネルギーが伝わって、あちこちから声がかかるようになる。それが結果的に、仕事として成立していくこともありうるのです。

一番わかりやすいのは、お金かもしれません。

心がスパークすると、必要なものがやってくる

よほど貯金に喜びを感じている人であれば別だけれど、漠然と「節約しなくちゃ」「お金を貯めなくちゃ」と思っている人のところには、あまりお金は入ってきません。

では、どういう人のところにお金が入ってくるかというと、「お金の出口」のイメージがはっきりしている人です。

要は、先に出口をつくれば、自然と入り口もできるという話。

「こういうことに使いたい！」と強烈に思っている人には、不思議と、それに足るくらいのお金が入ってくるものなのです。

■「心のリハビリ」を始めよう

ちょっとイメージが湧いてきましたか？

「好きなように生きている自分」の姿がイメージできないとか、「お金や時間ができたら好きなように生きられるだろう」というのは、「時間もお金も、どうにかなってしまうレベル」にまで、まだ心がスパークしていないということなのかもしれません。

心のブレーキに気づいて、イヤなことを少しずつやめてきたことで、すでに、ちょっとずつ心の羅針盤の精度は高まってきているはずです。

その羅針盤の針が、ピーン！　と何かに反応することが、好きなように生きる一番の原動力になります。

とはいえ、いきなりトップギアで何かに向かって突き進むというのも、ちょっと難しいでしょう。

今までいろんなことに我慢してきたぶん、「本当に、自分ファーストでいいのかな？」なんてモヤモヤすることも、まだ多いと思います。

そこで急にギアを上げようとすると、なかなか心がスパークしない自分に劣等感を抱きかねません。

だから、これからも自分のペースで、少しずつでいい。車と同じで、一速、二速と少しずつギアを上げていけばいいのです。

今、大事なのは、これまで話してきたような心のリハビリを続け、前にもお話しした「自分ファースト」のパーセンテージを、ちょっとずつ上げていくこと。

すると、いずれ「こうしたい！」「これほしい！」などと、心がスパークする瞬間が訪れるでしょう。

本章でお話ししていくのは、今までの心のリハビリの次段階として、そんなスパークを自分の心に起こしていく方法です。

自分をときめかせて、どうにかなるように自分と周りを転がしていく、いかに、そのきっかけをつくったらいいか、という話をしていきましょう。

13

「何でも叶うとしたら」ってニヤニヤ妄想してみる

自分は、本当は何が好きなのか――。

心がスパークするものを探るには、まず「妄想」してみるというのが、一番手軽な方法です。ここで「実現可能性」なんて発想をもったらダメです。「でも」や「だって」「時間がないし」「お金がないし」は禁句です。

隣にドラえもんがいて、あるいは、ドラゴンボールが7つ全部そろって、何でも願いが叶うとしたら、何を願いますか？

ニヤニヤ妄想してみてください。

やってみたいなと思っていることを、実際にやっている人をネットで探して、疑似体験するのもおすすめです。

何が好きか明確にすると、現実が変わる

さあ、ニヤニヤしながら、思い浮かべてみよう！

すると、実際には叶っていなくても、なんだかワクワクしてくるはずです。

そうしたら、もうひと工夫。**見るだけで、ニヤニヤ、ワクワクしたことをすぐ思い出せる何かを、身の周りに置いてみてください。**

たとえば、世界一周旅行に行きたいという場合。ニヤニヤと旅行を妄想してワクワクしたら、世界中の旅先の写真などを仕事のデスクに飾ります。

仕事柄、デスクに私物を置けなくても、行きたい場所の写真を手帳に挟むとか、スマホのホーム画面に設定するとか、ICカードケースに入れるとか、つねに目に付くようにす

る方法なら、いくらでもあるでしょう。

■感情の比率が変わると、毎日が輝きだす

さらに、そのワクワクを共有できる誰かと、ワクワクトークをします。

実際にやってみるかどうかは、この段階では、関係ありません。

たとえば、「海外旅行、いいな」と思ったら、旅行好きな人と「僕はどこそこに行ってみたい」「私はどこそこに行ってみたい」という話で盛り上がる。すると、そこで以前は思いもよらなかったことに心が動いて、さらに盛り上がることもあるでしょう。

裏を返せば、そこで心がピクリとも動かないほど、以前は心がマヒして、「これ、いいな」「これ、好きだな」にフタをしていたわけです。

前に、どこかの旅行会社の広告で、「旅は計画したときから始まる」みたいなキャッチコピーが謳《うた》われていました。旅行をしている最中だけではなく、計画していると

きからワクワクするという意味でしょう。

たしかに、自転車乗りだったころの僕は、地図を広げただけでもワクワクしたものです。だから、すごくしっくりくるキャッチコピーだなと思いました。

まだ実現していなくても、そのことを考えるだけでワクワクするという意味では、これは旅だけではなく、何にでも当てはまる話です。

ニヤニヤ妄想して、ワクワクする。ワクワクしたもののビジュアルが、つねに目に入るようにしたり、人とワクワクトークで盛り上がったりする。

この時点では、まだ仕事も同じ、会社も同じ、つまり自分が置かれている状況は、何も変わっていません。

でも、感情の割合は変わります。

ニヤニヤ、ワクワクしている間は、モヤモヤしません。ニヤニヤ、ワクワクしている時間が増えれば増えるほど、毎日は、今よりずっと輝きだすでしょう。

いきなり置かれている状況を変えようとせず、まず、自分の感情の比率を変えていく。これが、ゆくゆく心がスパークするきっかけになることも多いのです。

14 自分のなかの「小さな自分たち」を対話させる

自分のなかには、いろんな自分がいると想像してみてください。

とにかくラクしたい自分、胸アツで生きたい自分、自分を大切にしたい自分、自分に厳しい自分、ウジウジしている自分……。こういういろんな自分たちが、たえず綱引きをしながら、自分の思考や行動を決定しています。

心のブレーキが強い人の場合、とくに発言力が大きいのは、「ダメダメ」と、自分に厳しい自分です。「でもな、でもな……」というウジウジタイプの自分の影響力も大きいかもしれません。

だから、何かにちょっと心が動いて「やってみたいな」と思っても、「ダメダメ、そんなことしたら食えなくなるぞ」「でもな、そんなことしたら嫌われるかもしれないし……」などとブレーキがかかってしまうのです。

そこでおすすめしたいのが、いろんな自分を対話させること。ブレーキをかける自分をねじ伏せるのではなく、「対話」するという点が重要です。

なぜなら、自分に厳しい自分も、ウジウジしている自分もまた、自分に対する愛情ゆえに、厳しいことをいってきたり、ウジウジしていたりするものだから。

自分に厳しい自分は、自分自身を不幸にしたくない、そのために「ダメダメ」と歯止めをかけます。

ウジウジしている自分も、恐れているような状況に自分自身を追い込みたくない、そのために「でもなあ」と歯止めをかけているのです。

だから、まず、そんな自分の愛情を理解してあげること。ケンカしてねじ伏せようとするのではなく、対話することが大事というわけです。

■ 全員、幸せを叶える素敵な仲間

自分に厳しい自分や、ウジウジしている自分も含めて、自分のなかの自分は全員、自分を幸せに導くための素敵な「ガイド」であり「仲間」です。

ただ、ブレーキをかける「自分に厳しい派」の自分たちの声が大きすぎると、ほかの自分たちも流されて、「こうしたい派」の自分の声はかき消されてしまうのです。

ちょっとシミュレーションしてみると、こんな感じです。

自分A「もうちょっと休みたいな」
自分B「ダメダメ、休んだら仕事が終わらないから、もっとがんばらなくちゃ」
自分C「休んだら、休日返上で働いている同僚に嫌われるかもしれないしね……」
自分D「そうそう、○○さんも1日休んだだけで大変な思いをしてたよ」
自分E「働き方改革っていっても、やっぱり休んでなんていられないよね」

こんな具合に、自分のなかでいろんな自分が対話しているのです。

この場合、自分Aが「正直な自分」、自分Bが「自分に厳しい自分」、自分Cが「ウジウジしている自分」。そのほか、自分D・Eのように、この議題についてはこだわりがない、「流されやすい自分」もいます。

■「わかる〜！」で共感を示す

ではどうしたら、自分の好きなように生きられる方向へと、対話を進めることができるでしょうか。

キーワードは2つ——まず1つめは、「わかる〜！」です。

自分に厳しい自分の声も、ウジウジしている自分の声も、大切な自分自身に対する愛情からくるものなんだとお話ししましたね。

だから、まず、

「君がブレーキをかけてくれているおかげで、ひどい目にあわなくて済んでいるのかも

しれない。じゃあ、君がブレーキをかけている、本当の目的はなんだい？」

と、聞いてみてください。

すると、

「仕事が終わらずに給料が減って、生活に困らないため」

「休んだことで周囲に嫌われて、傷つかないため」

などと、なぜブレーキをかけるのか、理由が見えてくるでしょう。

それを「いやあ、自分ってほんと愛情深いな〜」と味わったら、1つめのキーワード、「わかる〜！」です。

さっきの例でいえば、

「そうかそうか、仕事が終わらないと給料が減って、生活に困っちゃうのが心配なんだね、わかる〜！」

「そうかそうか、休んだら嫌われて、傷つくのが怖いんだね、わかる〜！」

といってあげるということです。

「そんなに自分を心配してくれて、ありがとね」なんて付け加えたら完璧です。

「厳しい派の自分」が癒されると、ブレーキが外れる

心配してくれて
ありがとね。
なんで休んじゃ
いけないと思うの？
休んじゃダメー!!
うんうん、
わかる〜
…だ、だって、
休んだら
大変になるから

すると、自分に必死にブレーキをかけている自分たちの気持ちが、いったん落ち着きます。

そこから、本当に自分のやりたいことを話し合うモードになれるのです。

ケンカではなく、対話が重要といったのは、こういうわけです。

自分の声を無視しようとしたら、余計に自分に対する厳しさやウジウジが増幅するでしょうし、ねじ伏せたらねじ伏せたで、心の奥底で気持ちが膨《ふく》れ上がって、いつか爆発するでしょう。

だから、いったん「自分に厳しい派」の

自分の言い分も、「ウジウジ派」の自分の言い分も、ぜんぶ聞いてあげる。彼らが何をいっても、ひととおり言い分が出尽くすまで、「わかる〜！」「わかる〜！」と徹底的に理解を示し、寄り添ってあげるのです。

■「で、本当はどうしたい？」で本音を聞き出す

そうしたら、2つめのキーワードの出番。それは「で、本当はどうしたい？」です。

自分に厳しい自分も、ウジウジしている自分も、当然ながら、自分自身です。「本当はこうしたいな」という思いがありつつも、自分を心配するあまり「ダメダメ」「でも、でも」といっていたわけです。

それが、最初に「わかる〜！（ありがとね）」と受け入れてあげると、素直に本音が現われやすくなります。

会社の会議などでも、一番影響力の大きな人の意見次第で、議決内容が変わったりしますよね。自分との対話でも、まったく同じことが起こります。

「ダメダメ」「でも、でも」と自分にブレーキをかけていた自分たちが「本当は……、こうしたいな」というと、ほかの自分も、「だよね、本当はそうしたいよね」となびいてくるのです。

この流れが、一気に起こらなくても大丈夫です。すぐに「本当は、こうしたい」が出てこなかったら、翌日でも翌週でも、また対話をしてみてください。繰り返すうちに、少しずつでも、本心がわかってくるはずです。

すると、「もっと休みたい」「休んじゃっても大丈夫じゃね?」「本当は早く帰りたい」「帰っちゃっても大丈夫じゃね?」といった一見、異端児《いたんじ》のような自分の声を排除しなくなっていきます。

自分が本当に望んでいることが見えるようになってくるのです。

15 「自由」とは、選択肢がたくさんあること

「で、本当は、どうしたい？」――こうして自分との対話を重ね、本当は自分がどうしたいのかが見えてきたら、今度は行動に移す番です。

行動に移す際の目安は、「好きの純度」を上げること。

とりあえず、今の生活のなかで許せる範囲で、できるだけ純度高く、好きなことをやってみるということです。

たとえば、「1日休んで、温泉宿でゆったり過ごしたいな」となったら、以前の自分だったら選ばないような、ちょっとグレードの高い温泉宿に泊まってみる。

こんなふうに、一度、できる範囲のなかでの「極上」を味わってみるのもいいでしょう。

大人になると、子ども時代や学生時代よりも、ずっと自由になるお金は多くなるし、使い方だって自分で選べます。

僕自身、子どものころは、お小遣いをもらったらチュッパチャップスを買うのが精一杯で、ジャイアントカプリコなんて夢のまた夢でした。

そういえば、以前、子ども向けに講演をしたことがあるのですけど、アンケートに一番、反響が寄せられたのは「大人になったら、1日に2個もジャイアントカプリコ食えるんだぜ」という話だったみたいです。

もっといい話もしたはずなんだけど……(笑)。

でも、今の子どもにとっても、ジャイアントカプリコは贅沢《ぜいたく》なオヤツなのです。

学生時代だって、月半ばでバイト代が足りなくなって、家にある本とかCDを古本屋に売った数千円で給料日までしのいだ……なんて話は、ザラでしょう。

あなたにも、覚えがあるかもしれませんね。

■「自由」を許可できないときには……

それに比べれば、大人は自由にお金を使えます。それなのに、大人になればなるほど、むしろ節約志向が強くなります。

大人になるというのは、責任を負うということ。困ったら親に頼ればよかった子ども時代や学生時代とは違って、自分の力で生活を成り立たせていかなくてはいけない。

おそらく、こうした責任感から、お金の使い道についてもシビアになってしまうのでしょう。

それにしても、自分の好きの純度を上げるための、ちょっとした贅沢さえも許せないというのは、それだけ心のブレーキがまだ強いということだと思います。

先ほどお話ししたような、「自分に厳しい自分」や「ウジウジしている自分」が、極上を味わってみたい自分にダメを出しているのです。

「ダメダメ、そんな贅沢するくらいなら、節約しなくちゃ」「でもなあ、贅沢なんかしたらお金に困るかもしれないし……」と。

ここでもふたたび、「わかる～！」「で、本当はどうしたい？」です。

自分のなかには、いろんな自分がいます。

「わかる～！」「で、本当はどうしたい？」で、一人、自分にブレーキをかけていた自分が正直になったと思ったら、また一人、別の切り口で自分にブレーキをかける自分が現われる……この繰り返しです。

本当にやりたいことがわかった後も、進めようとするたび、「いつやる？」「どうやる？」というふうに、自分との対話が必要になると思って、根気よく自分と向き合ってみてください。

■「ちょっとの贅沢」で選択肢が広がる

話を戻しましょう。

一度、できる範囲での「極上」を味わってみるのもいい、という話でしたね。

なぜ極上を味わうといいかというと、そうすることで、選択肢が広がるからです。

格安の温泉宿しか泊まったことがなければ、毎回、格安温泉宿の一択です。

でも、一度、ちょっとグレードの高い温泉宿を味わってみたら、次は、「格安か、ハイグレードか」という選択肢ができます。

「今回も、ハイグレードの温泉宿にしよう」と思うか、「別にハイグレードでも自分の満足度は変わらなかったから、格安でいいや」と思うか、それは自分の自由です。

このように、選択肢が広がるというのは、自由を手にするということなのです。


僕も以前、自分で試してみたことがあります。

父親の会社を手伝っていたころ、よくお客さんに桐箱入りのマスクメロンをプレゼントしていました。

でも、あるとき、ふと「人に買うばかりで、自分では、こういう桐箱入りのマスクメロンって買ったことないな」「人には、安くて傷もののメロンなんてあげないのに、自分用には平気で安い傷ものを買う、それってどうなの?」と思ったのです。

だから、買ってみました。ただでさえ高価なマスクメロン、それを桐箱入りで、です。大事に家に持ち帰り、桐箱から取り出し、切り分けて食べました。

その感想は、「この箱だけで5千円くらいしそうだな。おいしいけど、自分で買うぶんには、別にここまではいらないかな」とまあ、そんな感じ。

僕にとって、桐箱入りのマスクメロンは「お客さん用」であって、「自分用」に買っても、別にうれしくない。


ただ、ここで大切なのは、こうした自分の心の動きは、桐箱入りのマスクメロンという「極上」を一度体験してみたから、初めてわかったことだ、ということです。

やっていることは、一見無駄に見えるかもしれないけれど、でもこの体験があるから「極上」から「格安」まで、どのレベルも自由に選択できます。

体験したうえで選ばないのと、体験しないままでいるのとでは、大きな違いがあるのです。

極上を味わうことで、「厳しい派」の考えも変わる

あ、
意外とやっても
大丈夫だねぇ…
そんなに旅行に
お金使っちゃだめだよ
ねっ！
まぁまぁ、
一度贅沢してみるのも
大切なの！エイッ！

「厳しい派の自分」の許容範囲が広がる！

これは、「好きなこと」「やりたいこと」をするときも同じことです。

グッと踏み出してやってみなければ、「自分に厳しい自分」や「ウジウジした自分」は永久に「その好きなこと、やっていいよ」とは許可をくれません。

だからこそ、先に「極上」を味わって、「この前、これ以上を体験してるし、今回これをやってみるのもいいかー」と、自分のなかの「小さな自分たち」が許可できる範囲をぐ〜っと広げてしまうのです。

自分のなかに、この選択肢の幅をもてるようになることが「自由」なのです。

■「やる」「やらない」、どうするかも自分の選択

自由とは、複数の選択肢があることという話、いかがでしょうか。

これは「極上か普通か」ということのみならず、じつは日常生活のあらゆることに当てはまります。

たとえば、上司から仕事を振られたとします。

今までだったら、「上司から振られた仕事は、やりたくなくても、引き受けなくちゃいけないもの」と考えていたに違いありません。

これだと、「引き受ける」という一択ですね。

でも、本当にそうでしょうか?

実際に、引き受けるか、引き受けないか。どちらを選ぶかは、本来、そのときどきの自分の判断なはずです。

いつだって「引き受けない」という選択肢もあるのです。

その選択肢を見えなくしているのは、前にも登場した「いい人でいたい」願望でしょう。つまり自分自身が、「いい人でいないと愛されない」と思い込んでいるから、「引き受ける」の一択になっているというわけです。

でも本当は、引き受けないという選択肢もある。そのうえで、上司との関係や仕事内容などから「ここは引き受けておこう」と判断したのなら、「やらされてる感」は格段に減るはずです。

他人軸ではなく自分軸――自分の自由意思で選んだことなんだという意識で、仕事に向き合うことになるからです。そうなれば、向き合う自分の心のありようも、だいぶ違ってくるはずです。

ほかにも、先輩から飲み会に誘われたとき、お世話になった人から頼みごとをされたとき……すべて同じです。

もちろん、「イヤだ！」と思ったら、迷わず断わるのが理想です。

究極は「ワクワクしないのでやりません」「心が動かないので行きません」といえることだけど、現段階では、「ごめんなさい、できません」「ごめんなさい、行けません」でもいいでしょう。

まずは、「やるか、やらないか」「行くか、行かないか」と、複数の選択肢から自分で選んだんだ！　という自分の自由意思を味わうことから始めてください。

「本当はどうしたい？」を突き詰めるには、それだけでも効果大なのです。

Step.4

自分にオッケーを出す

16 「小さな一歩グセ」をつける

「好きなように生きる」と考えたときに、陥りがちな勘違いが2つあります。

1つは、「好きなように生きる＝今の生活をすべて捨てて、新しい生活を始めること」という勘違い。

もう1つは、「今いるところで、がんばり尽くした後でないと、好きなことなんてできない」という勘違いです。

どちらも勘違いだというのには、もちろん理由があります。

まず1つめからいきましょう。

僕の知り合いに、こんな男性がいました。

彼は会社員なのだけど、今の生活に大きな不満はないまでも、なんだかいつもモヤモヤしている様子でした。

そこで「本当は何がしたいの？」と聞いてみたら、「文章を書くことと旅が大好きだから、旅しながら文章を書く紀行作家なんて憧《あこが》れますね……」といいます。

「じゃあ、やってみればいいじゃん！」と僕がいうと、「そんなの、とんでもない！」と。なぜかといえば、「文章を書くのは好きだけど、そんな優れた文才はないし、今、会社を辞めたら生活に困っちゃいますよ」というのです。

■この小さな一歩がもたらす、大きな変化

僕は「そうじゃなくて……！」と説明しました。

今の生活をすべて捨ててから、やりたいことを始めるなんて、さすがの僕から見ても無鉄砲です。

そこでいいたかったのは、いきなり仕事を辞めて「好き」を仕事にするとか、いき

なり365日をワクワクで埋め尽くすとか、そういうことより、ずっと手前のこと。**「じゃあ、やってみればいいじゃん!」といったのは、「まず今の生活のなかで、やってみればいいじゃん!」という意味だったのです。**

会社員だったら、たいていは週休2日のはずです。

だから、「週末も残ってる仕事がたくさんで……」という彼に、まずやってみてほしかったのは、土日に仕事をすることをいく日かやめることでした。

そう決めてしまえば、会社員として働きながらも、旅をして文章を書くことは、国内旅行ならば十分できるでしょう。夏休みをフルでとれば、海外旅行だって可能になるはずです。

好きなように生きるというと、何か劇的な変化を想像するかもしれません。でも現実的に変えていくには、まず、すき間時間で、好きなことをしてみるといいのです。

幸せのハードルを下げて考えれば、それだけでも、かなり幸福度がアップするはずです。そこから始めるんです。

僕は、オーストラリアに行く前、トレーニングもかねて、ずっと国内を自転車で回っていました。そのときは、地図で見ても移動した実感がはっきりとありました。でもオーストラリアは大陸です。大きすぎて、数十キロ走っても、地図上では、ほとんど位置が変わりません。

「今日も、たくさん移動したぜ！」という実感が得られなくて、最初は撃沈しました。それでも1日走ったあとのビールのおいしさには、いつも感動しました。行く先々で、いろんな国の人たちと話せるのも、いつも楽しみでした。

小さな歩みに思えても、できたことにフォーカスを合わせることができると、十分、幸せを味わえたのです。

やりたいことを、すき間時間でやってみるというと、小さな歩みに思えるかもしれません。

でも、今までいろんなことを我慢して、自分のために大して時間もお金も使ってこなかった人にとっては、実際には、これがそうとうワクワクできる変化となるはずです。

一気に成功じゃなくて、小さな一歩から

好きなことをやるからには、
大成功しなきゃ！
でも、そのレベルに行きつくには
無一文になっちゃう期間が
あるしなぁ…。ウジウジ
まだ、始める前なのに、
そのウジウジで
エネルギーが枯れちゃうよ！
軽やかにちょっとずつ
やってみよう！

それは、今までお話ししてきた、①心のブレーキに気づく、②イヤなことをやめていく、③「本当はどうしたい？」と突き詰めるという段階を、ちょっとずつ踏んでこそ得られる、大きな変化なのです。

すると、「もうちょっと」「もうちょっと」と、さらに自分にオッケーが出せるようになります。

やってみたときに出会った人たちに触発されて、「今度は、こうしてみよう」と、いっそう意欲が高まることもあるでしょう。

やってみた結果、「自分は、こういうやり方が好きなんだな」と、やりたいことのなか

での好き嫌いがはっきりすることもあるかもしれません。

ともかく、最初の小さな一歩がきっかけとなり、どんどん、好きなように行動できるようになっていくわけです。

好きなことをするのに、いきなり、今の生活をすべて捨てる必要なんてないのです。

■好きなことを「先」にやる

では次に、もう1つの勘違い――「今いるところで、がんばり尽くした後でないと、好きなことなんてできない」というのはどうでしょう。

そもそも、人はどうしてがんばるのでしょうか。

褒《ほ》められたいから、認められたいから、愛されたいから……。

これらをまとめると、「自己肯定感」を上げたいということです。

もっというと、仕事では褒められたり、認められたり、愛されたりすることが、昇進や昇給に直結するため、「より多くのお金をもらえること＝自己肯定感アップ」とい

その夢、今できることかも？

がんばって
働いたら将来
何したい？
老後は小説とか
書きたいんだー
そのゆくゆくは
やりたい夢、
じつはすぐに
トライできること
かもよー！

うことだったりします。

では、より多くお金をもらえるようになって、自己肯定感が上がったら、どうするのかというと、きっとほとんどの人が、好きなことをするでしょう。

いってみれば、「好きなことをする」というのが目標のようになっているのです。

それも、「がんばり尽くした後」と、ずいぶん遠くに目標設定しているから、「そのために、今は我慢してがんばろう」という禁欲的な発想になっているわけです。

でも、今までの話で、がんばらないとダメ、というのは思い込みなんだと、もうみなさんには伝わっていますよね。まだハートにまでは落ちていなくても、頭では、なんとなくわかってもらえているはずです。

だったら、がんばり尽くした後ではなく、先に好きなことをやってしまえばいいじゃないか、という話なのです。

■こうして人生に「ワクワクな瞬間」が増えていく

じつは僕にも、死に物狂いで働いていた時期がありました。

「仕事で成功して、お金持ちになってやる。そうしたら、また世界を旅して、いろんな国の人たちと知り合って、一緒にバーベキューを楽しめるような生活を送るんだ」と意気込んでいたのです。

そうなるまでは、楽しみはお預け。そんな気持ちもあって、以前はあれだけモテたかった僕が彼女をつくろうともせず、仲のよい友人たちとも距離をとっていました。

そんなある日、オーストラリアを旅していたころのバックパッカー仲間から、こんな誘いがありました。

「今度の週末、ヒマ？　バーベキューするんだけど、こない？　いろんな国のやつが集まるから、きっと楽しいよ」

「そんなにヒマないよ、仕事だよ」

「そんなに働いて、どうするの？」

「また世界を旅して、そこで知り合った仲間たちと、バーベキューしながら語り合うような生活ができるようになるためだよ」

ここで「あれ？」となりました。

いろんな国の人たちと語り合いながら、バーベキューをする。がんばりながら思い描いていた夢が、じつは今度の週末の誘いで叶うのに、僕は「ノー」といったのです。

なぜかといえば、「がんばり尽くした後でないと、好きなことなんてできない」と思っていたから。

でも、本当は違いました。好きなことは、がんばり尽くした「後」にするものではなくて、「先」にしてもいいものなのです。

すき間時間に好きなことを先取りすれば、今の日常のなかでも、もっともっとワクワクできるのです。

「好きなように生きる＝今の生活をすべて捨てて、新しい生活を始めること」
「今いるところで、がんばり尽くした後でないと、好きなことなんてできない」

2つの勘違いについてお話ししてきましたが、解消法は1つです。

「いいな」と思ったことは、とりあえず、すき間時間にやってみる。

そんな「小さな一歩グセ」をつけるということ。

この小さな一歩が、今、置かれている場所にいながらにして、やってみたいことを楽しむことにつながります。

もう我慢しなくていい、好きなことしていいんだと自分にオッケーを出すことで、人生をワクワクな瞬間でいっぱいにしていけるのです。

17

やりたいことは、「イタリア男」方式で

「小さな一歩グセ」をつけるというのは、気持ちが膨らみ切る前に行動する、ということでもあります。

そのメリットは、やってみてイマイチだったら、すぐにやめられるということ。

「やってみたいな」という気持ちが募《つの》りに募ってからだと、「やってみたけど、イマイチだったな……」という場合に、さっと気持ちを切り替えづらいものです。

恋愛で考えると、わかりやすいでしょう。

ちょっと「いいな」と思ってから、「好きかも」「好き」「大好き」と気持ちが募っていって、「もう、君なしには生きられない！」となってから告白して、フラれでも

したら、立ち直るまでそうとう時間がかかります。

それが、よく言われるイタリアの男性くらいの軽いノリだったら、どうでしょう。

ちょっと「いいな」と思ったらすぐに好意を示し、そこから関係を築いていく。

フラれたらフラれたで、さっと気持ちを切り替えて「次」にいく。

このほうが、ずっといろいろな異性と関わって楽しめるし、傷つく可能性も格段に低くなるはずです。


恋愛の価値観は人それぞれかもしれませんが、好きなことをして生きようとする場合には、気持ちが膨らみ切る前に行動する「イタリア男」方式がおすすめなのです。

■つまみ食い、にわかファンも、ぜんぶオッケー

真面目で、いろんなことに我慢してがんばってきた人ほど、好きなことについても律儀《りちぎ》に考えがちではないでしょうか。

でも、何事も実際にやってみるまでわからないのですから、「やるからには、本気

でやらないと」なんて、思い詰める必要はありません。

つまみ食い、にわかファン、ぜんぶオッケーです。

ちょっとやってみて、いい感じだったら、もう少し続けてみればいいし、イマイチだったら、すぐにやめてしまっていいのです。


何か「いいな」と思えるものと出合ったら、「ここはイタリア男方式でいこう」と考えてください。こだわりをなくして、なるべくフットワーク軽く。いっそ軽薄なくらい、「いいな」と思ったら、すぐに試してみるといいと思います。

すると、自然に、いろいろなことを体験する機会が増えていきます。

そして、いろいろなことを体験する機会が増えれば増えるほど、自分が本当はどんなことが好きなのかが、より明確に見えてきます。

何でも、まずは軽い気持ちでやってみる。それがイマイチだったらすぐに乗り換えられるという軽さが、じつは、本当に好きなことを見つけ、実践しながら生きることに直結するというわけです。

18 生き方の「お手本」を見つけよう

心のブレーキに気づいて、イヤなことをやめていき、「本当はどうしたいか」を考えて――。

これらの段階は、1つクリアして次に進むというよりは、「行ったり来たり」を繰り返しながら、少しずつ進んでいく感じです。

今まで生きてきたなかで根付いてきた心のブレーキや我慢グセ、本当はやりたいことに対する躊躇《ちゅうちょ》を、自分との対話を通じて、少しずつ切り崩していく。

まどろっこしく感じるかもしれないけれど、らせん階段をクルクルと上《のぼ》っていくように、レベルアップしながら似たようなブレーキを何度も味わいつつ、徐々に自分にオッケーを出していけるようになってほしいと思います。

そんななかで、歩みを止めずに済むように、ここでおすすめしたいのは、生き方の「お手本」を見つけることです。

たとえば、仕事が忙しすぎて、自分の時間がないのがツラいのに、その状況からなかなか抜け出せないとしましょう。

正攻法は、今まで話したように、心のブレーキに気づき、イヤなことをやめていき、「本当はどうしたいのか？」を突き詰める。そして、「小さな一歩グセ」をつけること。

でも、そこに加えて、自分が「こうなれたらいいな」と思えるようなお手本があると、いっそうそのツラい状況から抜け出しやすくなるのです。

心のブレーキが利いていると、「今のツラい状況から抜け出す＝何か大変なことになる」という思考回路が働いてしまいます。だから、ツラくても耐えるわけですね。

でも、そこで「自分の時間をちゃんともって、大変な目にもまったくあわずに、楽しくやっている人」をお手本とすると、自分という船の針路がヒュンッと変わります。

「ツラい状況から抜け出したら、ラクで楽しいじゃん。大変な目になんてあわないん

幸せなお手本で、制限を解除できる！

だ」と考えられるようになるからです。

■ 幸せな「文法」で生きている人は誰だろう？

これは、日本語文法しか知らない人が、外国家庭にホームステイして、その人たちの言語の文法を学ぶようなものです。

たとえば、仕事がツラくて仕方ないのに抜け出せないのは、いってみれば、「仕事＝苦痛と引き換えにお金を得るもの」という文法しか知らないからです。

その原因を探ってみれば、たとえば両

親がいつもツラそうに仕事に出かけていたとか、両親が真面目に働いてなかったことが反面教師になっているとか、いろいろと探り当てられるでしょう。でも、本当に大事なのは、こうした原因を突き止める以上に、今、そして未来をどう生きるか。

仮に、仕事がツラくて仕方ないとしたら、「『仕事＝苦痛と引き換えにお金を得るもの』という文法で生きていない人って、いるかなあ」と考えてみるのが、出発点です。

その発想から始めて、「仕事＝楽しみながら、たくさんお金を得るもの」といった文法で生きている人をお手本にできると、より明るい未来への可能性が開けるんです。

■お手本探しも「自分軸」が大事

ここで1つ、気をつけてほしいことがあります。

「自分自身が『いいな』と思うことを実現している人」

「自分が『いいな』と思うやり方でうまくいっている人」

という視点で、お手本を探してください。

「世間的に『すごい』といわれている人」

「世間的に『すごい』とされているやり方でうまくいっている人」

をお手本とすると、自分が本当に望むことから外れてしまう恐れがあります。

世間的な評価はさておいて、あなたがやりたいことを、あなたが望むようなやり方で実践している「トップランナー」は誰でしょう？


たとえば、仕事と遊びを半々の割合にしたいな、と思っていたとします。

それが実現するには、どんなやり方が考えられるでしょうか。

半年間、時給の高い仕事をひたすらがんばって、そこで稼いだお金で残りの半年間は遊んで暮らす、これを繰り返すというのも１つ。

僕がオーストラリアを旅していたころのバックパッカー仲間にも、半年間は宅配便のアルバイトをして、半年間は世界を旅して回っている人がいました。

その人にとって、宅配便の仕事は、旅行資金の稼ぎ口です。そう考えれば、楽しめなくてもがんばれるというわけです。これはこれで、１つのワクワクな人生のつくり方としてアリだと思います。

一方、1日数時間程度で、どこにいても成り立つ仕事をつくって、ゆるやかに働き、ゆるやかに遊びながら暮らす、というのも1つです。

「働く」と「遊ぶ」が時期的に分かれているのではなく、なんとなくトータルで半々くらいかな、というイメージです。

そうなると、仕事と遊びを半年交代にするか、毎日の生活をゆるやかに仕事半分、遊び半分とするか、どちらが自分に合っているのかを、まず考える必要があります。

自分が、より「いいな」と思ったほうのやり方で、先を走っているトップランナーが、自分のお手本となるわけです。

■「進んだ先の喜び」を知る

なんであれ、自分が「こんなふうになれたらいいな」と思う生き方を、すでに現実のものとしている人の影響力は、絶大です。

それこそ、自分一人で文法の本と格闘するより、その言語を母国語とする友だちとつるんだほうが言語習得は早い、というのと同じくらいの効果があります。

なぜなら、人間は、体験した量が多いものを選ぶようにできているから。

もっといえば、「脳内で味わった時間の長いもの」を選ぼうとするからです。

つまり、バーチャルであれリアルであれ、お手本の生き方に触れて、「進んだ先の喜び」を脳内で味わえば味わうほど、それが現実のものとなる選択肢を、おのずと採用していくということです。

そのなかで、心のブレーキを外したり、イヤなことをやめたり、本当はどうしたいのかを素直に突き詰めたり、ということが、よりスムーズにできるようになっていきます。自分にオッケーが出るのです。

好きなように生きるために、一歩を踏み出すのは、怖いことでもあります。

その恐怖ゆえに、モヤモヤした状態に安住したくなることもあるかもしれません。

でも、せっかくの人生、正体不明の「進んだ先の恐怖」にひるむのではなく、お手本が見せてくれている「進んだ先の喜び」を知ってほしいなと思います。

19

「モヤッ」「イラッ」は、ワクワクな人生の扉を叩くノック音

人間は、じつはそれほどタフではありません。

お釈迦《しゃか》様だって、最初に行なった苦行から、さっさと逃げ出したくらいなのです。

ましてや、僕たち一般ピーポーが、苦痛に耐え続けられるわけがありません。

短い期間にガッと気合を入れてがんばることはできても、人生という長距離走を、ずっと苦しみに耐えながら歩めるほど、人間って強くはないんです。

もちろん、死にそうな思いをして成功する人もいるだろうけど、その一方には、苦痛にほとんど耐えられない体質で、ワクワク楽しみながら、まるで「文化祭モード」でうまくいっている人もたくさんいます。

だから、たとえば仕事がツライのなら、仕事を楽しんでいる人をお手本とする。

あくせく働くのがイヤだったら、時間に余裕を持ちながら十分に稼いでいる人をお手本とする。

嫌いな仕事に一生懸命になるのが苦痛だったら、好きな仕事に楽しく一生懸命な人をお手本とする。

こんなふうに考えてください。

■「ちょっと待てよ、この人がヒントかも？」で一気に変わる

お手本となるのは、当然ながら、今の自分とは違う生き方をしている人です。

でも、ひょっとしたら、そういった人と自分とのギャップに落ち込んだり、嫉妬《しっと》心に焼かれたりして、素直にお手本にできないかもしれません。

「どうせ自分は、あの人みたいになれないし……」

「なんかうまいことやっていて、ずるくない？」

すごい人を見たときに、こんなふうにモヤッと落ち込んだり、イラッと嫉妬したり

するのは、人間の自然な心の動きです。

そこでラクになろうとして安易にやってしまいがちなのが、「モヤッ」「イラッ」もろとも心のゴミ箱に捨てること。その人を全否定して、見ないようにして、自分の心から追い出すことでしょう。

でも、こんなにもったいない話はありません。

だって、そういう落ち込みや嫉妬心がなければ、一気に道が開かれるに違いないから。素直に受け止められれば、その人にアプローチできるだろうし、ひょっとしたらマンツーマンでその道でうまくいく秘訣《ひけつ》を教わる機会に恵まれるかもしれません。

これほどのショートカットの可能性があるのに、捨てる手はありませんよね。

すごい人を見たときの「モヤッ」「イラッ」の裏側にあるのは、「本当は、あの人みたいになりたい！」という正直な心の声です。

その「モヤッ」「イラッ」こそが、じつは人生の新しい扉を叩くノック音である場合が多いということです。

その人を否定して、自分の心から追い出す前に、いったん踏みとどまって、「ちょっと待てよ、この人をお手本にしたら、何かすごいヒントが得られるかも？」と思えるかどうか。

これで、その後の人生がめちゃくちゃ変わるといっても過言ではありません。

■「モヤッ」「イラッ」がきたら「置いといて……」

では、どうしたら、落ち込みや嫉妬を乗り越えて、すごい人を素直にお手本にできるでしょう。

前にも、自分のなかには、いろんな自分たちがいるとお話ししましたね。

ここでは、落ち込んでいる自分や、嫉妬心に焼かれている自分を、自分のなかから取り出して、「それはいったん置いといて……」と脇に置くイメージです。

「あの人を見て、落ち込んじゃったね」「嫉妬しちゃったんだね」と自分の心をいったん受け入れたら、「テヘッ」と軽〜く笑っちゃいましょう。

嫉妬を感じたら、「置いといて」お手本に

〈すごい人〉
うまいことやって
ずるい！
それを見たときに、
嫉妬や落ち込みを
感じるものほど、
自分が好きなものだよー
置いといて…
教えてください！

そうしたら、「じゃあ、まあ、それは置いといて……」です。実際に、そう口に出すのもおすすめです。

こんなふうに、自分の落ち込みや嫉妬心を否定はせずに、ただ脇に置く。

するとゴチャついていた心がスッキリして、「本当は、この人みたいになりたいんだ」という自分の正直な気持ちがはっきり見えてきます。

ここで「お手本認定」というわけです。

僕にも覚えがあります。

かつて僕は、「カウンセリングとは、一対一の対面で、シークレット的にやる

ものだ」と考えていました。今、思うと、単なる固定観念です。

この固定観念をあっさり打ち砕《くだ》いてくれたのが、心屋仁之助《こころやじんのすけ》さんでした。

心屋さんといえば、「解決！　ナイナイアンサー」の出演者の一人として、芸能人の悩みをズバズバと鮮やかに解決したことで一躍有名になりました。

番組で扱われるのは一人の芸能人だけど、心屋さんのカウンセリングは、番組を見ている視聴者にも届きます。

そんな番組中の心屋さんを見たとき、僕のなかには、当初、「公共の電波を使って、一気に100万人を癒《いや》す方法があるんだ！　やっべー！」と感心する僕と、「でもちょっと、それってずるくない？」と思う僕がいました。

でも、そこで「やっべー！」というワクワクと、「知りたい」という好奇心のほうを選択したのです。

「絶対、この人に会いに行く。そんで絶対、仲よくなって、100万人を一気に癒す秘訣を聞かなくちゃ！」

ここで心屋さんは、僕のお手本の一人になりました。

もし、あのとき「ずるくない？」と嫉妬する自分にとらわれたままだったら、心屋さんから多くを学ぶことはなかったし、当然、今の僕もなかったでしょう。
そんな自分はいったん置いといて、自分の素直なワクワクや好奇心に従い、思い切って心屋さんにアプローチしてみて本当によかったと思います。

■秘訣を「聞きまくる」の術を使い倒す

さて、お手本が見つかったら、会いに行くのが理想。お近づきになって、たびたび会える間柄になれたらベストです。

「自分なんかにアプローチされても、会ってくれるはずがない」なんて思ったら、前にお話しした「わかる～！」「で、本当はどうしたい？」で、少しずつ、自分をその気にさせていくといいでしょう。

そして、お手本に会えたら「こんなとき、あなただったら、どうしますか？」と、素朴な疑問をぶつけてみてください。

相手の答えの意味がわからなかったり、自分にはできそうにないことだったりしたら、「どういうことですか？」「今の私にはできそうにないのですが、ほかにありますか？」などと、さらに食い下がっても、たいていは大丈夫です。

「そんなの怖いし、見損なわれるのはイヤだ」と思うかもしれないけれど、自分が成功してきた秘訣を、人は意外と喜んで話してくれるものです。

あなただって、自分がうまくやってきたことについて、人から「教えてください」といわれたら、よほど門外不出の秘密でない限り、喜んで話しますよね。

ましてや大きく成功している人ならば、それが、もっと大きなスケールで起こります。たいていは、びっくりするくらいオープンマインドで、いろんな秘訣をシェアすることを惜しまないものなのです。

■脳内でワクワクを存分に味わう

ベストなのは、こうしてお手本に実際に会いに行くことだけれど、最初は、お手本を見てワクワクするだけでもかまいません。

その人の生き方や、その人がいる世界を脳内で存分に味わってください。

すると、なんだか自分にもできそうな気がしてくるはずです。

徐々に、そのワクワクが自分の中心になってきます。今まで足踏みしていたのがウソのように、ごく自然に、素直に、自分のやりたいことに向かって進めるようになっていきます。

実生活では、まだまだ、いろんなことに我慢しているかもしれないけれど、だんだんと自分の人生の「主人公」になっていく感じ。その人を見ているときのワクワクを、もっと味わえるようにと、自分で人生のシナリオを書き始めるのです。

20

「あの人、すごい」は「自分もすごい」ということ

自分にぴったりのお手本を見つけ、上手に付き合うと、本当に一気に道が開けます。

それくらい効果絶大なので、もう少し、お手本のうまい活用法をお話ししておきましょう。

さっきお話ししたように、お手本は、自分がやりたいことを、自分が「いいな」と思うやり方で実践しているトップランナーです。

トップランナーというからには、今の自分のずいぶん先を行っていて当然です。

そこで落ち込んだり、嫉妬したりする自分の心は、ひとまず「置いといて……」で、その人がいる世界の喜び、ワクワクを存分に味わおう、というのは、すでにお話ししましたね。

ここでもう1つ、おすすめしたいのは、お手本を「分解」してみることです。

お手本とする人が、今の自分とはかけ離れているように思えても、何かしら、今すぐ取り入れられることがあるはず。お手本をよく観察し、細かく分解することで、その域に近づくために今、どんなことができるのかが見えてくるのです。

誰かのことを「すごいな」と思うというのは、その「すごいな」と思える要素が、すでに自分のなかにもあるからです。

たとえば、他人のおしゃれがわかる人は、その人自身もおしゃれだということ。「おしゃれだな」と思えるセンスがなければ、人のおしゃれにも気づけないからです。

お手本を「すごいな」と思うのも、それとまったく同じです。自分にも、同じようなすごさが秘められているから、お手本のすごさに気づけたのです。そうなれる芽は、あなたのなかにもあるのです。

「すごいな、すごいな」と崇《あが》めるだけでは、お手本の効果も半減です。

「すごいな」と思う人を見ながら、いかに自分の可能性も同時に見出せるか。

これが、お手本の効能を最大化するカギです。

そして、そのカギをつかむには、「自分の人生にどう落とし込めるだろう?」という視点で、お手本を観察&分解することが欠かせないというわけです。

■「すごすぎる部分」は笑って見過ごす

そうすると「すごすぎて真似できない」という点があっても落ち込みません。

「これは、さすがに無理じゃね?」「だよね〜」と笑いながら、今の自分にできることから始められるようになります。


極端なことをいえば、「ウサイン・ボルト、すげー!」と思っても、ボルトみたいに100メートル走で10秒を切るなんて、とうてい無理でしょう。

ただ、そこで単に「無理、無理」とあきらめるのではなく、ボルトを観察&分解すれば、ボルトの走りのフォームには、何かしら真似できることがあるかもしれません。
「100メートルで10秒切るなんて、さすがに無理じゃね？（笑）」「だよね～（笑）」「でも、このフォームだったら真似できるかも」「そうかも～！」という会話が、自分のなかで繰り広げられる感じです。

こんなふうに、取り入れられるところ、とうてい手の届かないこと、いろいろな面を分解してお手本を捉えてみてください。

そうすることで、お手本とした人が生きる世界をワクワクと味わいながら、少しずつ、それでも着実に、その人のいる世界に近づいていけます。
たとえ同じ域に到達できなくたって、十分すぎるくらい幸せになれるのです。

■「尊敬」はしても、「崇拝」はしない

それに、お手本を観察&分解すると、学ぶべきところと同時に、その人の意外に人

間臭い一面や、お茶目な一面、ちょっとダメ〜な一面が見えたりもします。

誰かのことを「すごい」と思うと、その人の何もかもがすごいと思いがちです。**それも無理のないことだけれど、ただ、崇拝すると、自分の可能性を見出せなくなったり、そのお手本の人しか視界に入らず、ほかにもいる素敵な人のすごいところをキャッチできなくなったりと、逆効果になりかねません。**

こうしたことを防げるというのも、お手本を観察&分解するメリットといっていいでしょう。

僕の師匠、竹田和平《たけだわへい》さんは「日本一の投資家」と呼ばれるほどの大人物でしたが、そんな和平さんにも、そうとうお茶目な一面がありました。

「こーちゃん、みんなが、わしのことを名古屋弁だって、いっとるがね。でも、そんな名古屋弁じゃないがねー」

「こーちゃん、何かわからないことがあったら、あれでよ、『グルグル』で調べればええがねー」

心のなかで、「いえいえ、和平さん、めちゃめちゃ名古屋弁ですから！」「それをいうならグーグルだよね、『グルグル』じゃ、永遠に答えが見つからないです！」なんて思いながら、和平さんに突っ込むこともできず、笑いを噛《か》み殺したものです。

僕は和平さんのことをものすごく尊敬していました。でも振り返ってみると、崇拝はしていなかったなと思います。

それも、かなりの日数を間近で過ごさせてもらって、お茶目な一面も含めて、和平さんを多面的に見ることができたおかげなんじゃないかなと思うのです。

そして、そのうえで大好きだなぁと思えるほど、魅力的に感じました。

21

「うらやましい」には自分の伸び代が隠れている

素敵な人を見ると、心がザワザワ、ズキズキすることもあると思います。

どちらかというとネガティブな感情だけど、じつはこれ、「自分がどこを伸ばしたらいいのか」を示すサインかもしれないのです。

だから目をそらさないで、自分と対話しながら、少しじっくりと向き合ってほしいと思います。

素敵な人を見て、心がザワザワ、ズキズキ。これを言語化すると、多くの場合、「うらやましいな……」です。

で、どうして「うらやましいな」と思うのかというと、それが、すでにある程度は、自分もできていたり、得られていたりすることだからです。

たとえば、自分は5くらいのレベルでできていることを、10とか20とかのレベルでやっている人を見ると「うらやましいな」と思うものなのです。

人は、自分とかけ離れている人を、「すごいな」とは思っても、「うらやましいな」とは思いません。

その人がいる領域を、自分の延長線としてリアルに想像できるからこそ、今の自分の現実がもどかしい。これがザワザワ、ズキズキの発生源というわけです。

ここまでわかれば、もう大丈夫です。

ザワザワ、ズキズキは、本当に自分が求めているものを、すでに、ある程度のレベルでは得られているということ。つまり今の自分で基本、「正解」なのだから、そのまま、持ち味を伸ばしていけばいいのです。

そう思うと、もうザワザワ、ズキズキしなくなります。

そして、素直に、その人の素敵さを受け入れ、「今の自分と、この人とでは何が違うんだろう」と学べることは取り入れながら、自分もどんどん素敵になっていけます。

■「より素敵な自分」になることにオッケーを出す

人は、何かにつけて自分を他人に投影します。

ある素敵な人を見てザワザワ、ズキズキすると、人も同じようにザワザワ、ズキズキすると思うものです。

そのために、「もし自分が、あの人と同じくらい素敵になったら、誰かからザワザワ、ズキズキされるに違いない」と潜在的に恐れてしまっています。言い方をかえれば、「成功への恐れ」ともいえるでしょうか。

そんな思い込みがあるせいで、より素敵な自分になることに、自分でオッケーを出せずにいる場合も、じつは少なくないのです。

それが、まず自分のザワザワ、ズキズキと向き合って解消されると、誰かからザワザワ、ズキズキされるという恐れも、一緒に解消されてしまいます。

すると、より素敵な自分になることに、諸手《もろて》を挙げて自分でオッケーが出せます。

あとは前進あるのみと、一気に、素敵な自分に向けて、以前よりもずっとワクワク楽しみながら加速していけるでしょう。

それにともなって、まるであなたの変化に呼応するかのように、周りの状況も、あなたを後押しするように変わっていきます。自分のワクワク、そして周囲の力添えによって、どんどん素敵な自分になっていけるのです。

Step.5

喜びとともに生きる

22

心の目盛りを、マイナスからゼロ、ゼロからイチにしていく

自分の好きなように生きるには、まず、自分の心の目盛りが、「マイナス」になっているのを「ゼロ」にする必要があります。

いろんなことを我慢している間に心がマヒしてしまっているのは、心の目盛りがマイナスになっている状態。そこからスタートして、少しでもイヤなことを減らしていくことで、ようやくゼロベースに戻れるのです。

これは、自分の人生から、1つひとつ重石《おもし》を外していくプロセスです。

ここからさらに、心の目盛りをイチにまで上げたときに、本当に、自分の好きなように生きることが叶います。

心の目盛りをマイナスからプラスにしよう

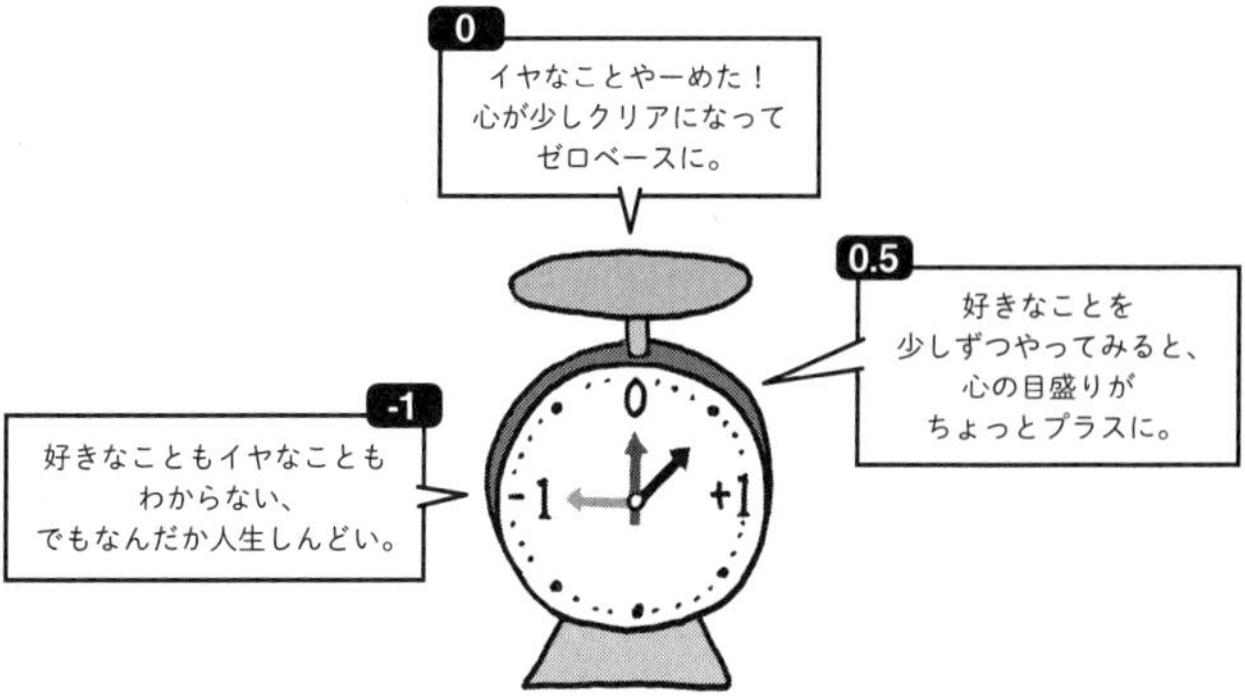
0
イヤなことやーめた！
心が少しクリアになって
ゼロベースに。
0.5
好きなことを
少しずつやってみると、
心の目盛りが
ちょっとプラスに。
-1
好きなこともイヤなことも
わからない、
でもなんだか人生しんどい。
0
-1
+1

こういうと、ちょっとガッカリしたかもしれません。重石を外したところで、何か劇的に人生が変わるわけではないんだ……と。

でも、まずは重石がないゼロベースに戻るだけでも、素晴らしいことなのです。

だって、今まではずっと、無気力で無感動なマイナス状態のまま暮らしてきたのだから。

マイナスをゼロにすることだけでも、ものすごい一歩を踏み出したんだと考えてほしいと思います。

そのうえで、この章を読んでもらえたらうれしいです。

イヤなことをやめてゼロベースに戻ると、ようやく、心のセンサーが働き始めます。

ここで、自分の楽しみのためにもっとお金や時間を使ったり、現実逃避したりしてもいいでしょう。

残業せずに会社を出て、プチ「途中下車の旅」を楽しむとか、家で延々と海外ドラマを見るとか、有給休暇をとって趣味に没頭するとか……ぜんぶアリです。

まずは「100パーセント自分のため」に考え、行動する。

これも心のリハビリの一環です。心の目盛りでいえば、これがマイナスだったものをゼロベースから0・5くらいまで上げていくプロセスです。

■「イヤ」をやめて、「楽しい」を増やした反動に注意！

ただし、ずっとそのままだと、やがて反動がやってくることがあります。

まず、今までは我慢できていたことも「イヤだ」と感じるようになるため、どんどんイヤなことができなくなっていきます。

そのため、今までの延長線のことをしようとすると、「うわ、イヤだな」が先に立って、結果、何もやる気が起こらなくなってしまうことも考えられます。

また、楽しくて始めたことも、だんだんとその楽しさが薄れることがあります。最初のうちは、「100パーセント自分のため」は、楽しいものです。同じものが好きな友人ができたりして、気持ちが上がるでしょう。

でも何度も繰り返すと、次第に「意外とこんなもんか……」と、なんだか虚《むな》しくなる瞬間があります。極端な言い方をすれば、魂《たましい》が腐《くさ》っていく感じ……。

すると、「イヤなことはやめられるようになってきたけど……、それで？」という気持ちが沸き起こってくるのです。

これはつまり、イヤなことは減らせた代わりに、何をプラスしていったらいいのか、わからなくなってしまっている状態といえます。

楽しいことに手を出してみて、最初に感じていたワクワクも、慣れると少しずつしぼんで手応えが感じられず、「イヤなことはできない」けど、「楽しさも感じられない」になってしまうわけです。

この反動がくる時期は、選択肢を見失っている状態ともいえます。

「もう我慢しなくていいんだ」となったら、「はて？　じゃあ、どう生きたらいいんだろう？」と、生き方の迷子になってしまうのです。

遊ぶ時間はできたし、やってみたいこともどんどん試せる、だけど、なんか心が満たされない……。これが、心の目盛りが0・5くらいまできたときに、生じる状態です。

この状態のままだと、道を見失って、かえってツラくなっていってしまいます。

とはいえ、これは、ダイエットでいうところの一時的に体重が減りにくい「停滞期」みたいなものです。

休息をとりながら、お手本にしたいと思える魅力的な人と接しつつエネルギーを蓄えたら、次に紹介する方法で、今度は心の目盛りを0・5からイチにしていくことを考えていきましょう。

■ 自分をイチに上げていく方法

ではどうやって、0・5まできたものをイチにしていったらいいでしょうか。

まずお話ししておきたいのは、なぜ0・5くらいのところで停滞期に入って虚しくなるのか、ということです。

イヤなことを次々とやめて、やってみたいことを次々と試して、最初はワクワクしたのに、もう虚しい、心が満たされない。

これはいったいどうしてなのでしょう?


それは、「100パーセント自分のため」だけで生きていると、「人のため」という要素がまったくないからです。

だから、「あれ、自分って何のために生きてるんだろう?」「誰からも必要とされてないんじゃないか?」なんて気分に襲われてしまいます。

つまり、停滞期の虚しさの原因は、「人の役に立っている実感がない」ことなのです。

ただし、ここでさらに注意したいのは、また心のブレーキを取り戻し、イヤなことも我慢して自己犠牲で人の役に立とうとするのは、元の木阿弥《もくあみ》だということ。

「自分のため」を大切にしつつ、それが「誰かのため」でもあると感じられることが大切なのです。


マイナスからゼロ、さらに０・５までは「１００パーセント自分のため」に考え、行動することでした。ただ、そのままでは、目盛りの数値は頭打ちです。

では、どうしたら心の目盛りを０・５からイチへと、もっと進められるのかといえば、つまりは、「人の喜びのために、自分の喜びを使っていく」ということなのです。

結局のところ、人間は、誰かの役に立ったり、人に喜んでもらったりすることに、幸せを感じるようにできています。自分の存在を、誰かに喜んでもらえるような活動をすることに、生きがいを感じるようにできているのです。

しかも、自分を犠牲にするのではなく、自分の喜びを使って、人を喜ばせることができたら、それこそが最上級の幸せなんだと思います。

「100パーセント自分のため」に飽《あ》きたときこそが、どうやったら、そんな幸せを得られるのかを考えるタイミングです。

さっきもいったように、お手本としたいと思える魅力的な人――自分から見て「この人はイチだな」と思う人を見つけて、できれば直《じか》に接してください。

その気で見渡せば、社内など、意外と身近なところにいるかもしれません。

すると、まだ自分自身は停滞期に半分浸《つ》かったままでも、なんとなく目指すべきところが見えてきます。

お手本からも刺激や学びをもらいながら、自分の喜びを使って人を喜ばせる方法が少しずつ見えてきて、だんだんとできるようになっていくでしょう。

■まず0・5になるから、イチにもなれる

長い道のりのように思えるかもしれないけれど、マイナスからゼロ、ゼロからイチ

という順で進むことが大切です。

というのも、マイナスの段階にいる人は、イヤなことを我慢しているぶん、自分が心から喜びを感じることも我慢しているから。つまり、喜びにフタをしてしまっているから、それを使って人を喜ばせるという発想をもちにくいのです。

そんな状態のまま、いきなり「人のため」を考えると、いっそう自分に我慢を強《し》いて、マイナス1がマイナス2、マイナス3と増幅する恐れもあります。

余計に消耗《しょうもう》してしまって、結局、「なんか、ツライ……」という状況に落ち込んだままになってしまうでしょう。

だから、まずイヤなことをやめる。純粋に自分のために考え、行動する。

この段階を踏みつつ、心の目盛りがゼロから0・5くらいにまで上がったら、ようやく「自分の喜びを使って人を喜ばせる」という方向へと歩み始めることができるのです。

一見、堕落《だらく》や現実逃避と思えることでも、すべてはイチへと自分を引き上げるために、必要なプロセスなんだと考えてください。

23

「あー楽しい」「あー幸せ」で人を喜ばせる

マイナスからゼロ、さらに0・5へ、そして0・5からイチへ。これは、自分の喜びを使って人を喜ばせていくプロセスだとお話ししました。

ゼロ〜0・5の「イヤなことをやめて、100パーセント自分のためだけに考え、行動する」段階に飽きたら、目指したいのは、自分が「あー楽しい」「あー幸せ」と思える仕事や、そう思えるやり方で、人を喜ばせることです。

苦労してやったことに「ありがとう」といわれたら、「やってやったぜ！」という達成感は得られるかもしれません。

でも、それをいうなら、「あー楽しい」「あー幸せ」と思いながらやったことに「ありがとう」といわれるのがベストだと思いませんか？

「え、喜んでくれるんだ？　やったー」となったら、めちゃくちゃ幸せですよね。

■「好き」のなかの「嫌い」をなくしていこう

それは、ひょっとしたら、今いるところで、仕事の内容ややり方を自分で選ぶことで、叶うものかもしれません。

「今の仕事は好きだけど、こういう進め方はイヤだ」

「今の仕事は好きだけど、そのなかでも、こういうことはしたくない」

よくよく考えてみると、「好き」のなかにも小さな「嫌い」が含まれているものです。だから、自分を俯瞰《ふかん》して見る、もう一人の自分の視点から、仕事内容を分解し、嫌いな部分だけを少しずつ排除していってください。

そして、上司や同僚からも、「こういう進め方はしない人」「こういうことはやらない人」と認識してもらう。自分の「トリセツ」をつくって広めるようなイメージです。

「こういうのは、やりたくないです」と伝えるのが難しかったら、逆に「こういうほ

自分の好きなやり方を理解してもらおう

Aのやり方嫌いだから、
Bのやり方にしよー……
僕、Bのやり方が
好きなんですよねぇ、
えへへ
自分を理解してもらって、
仕事の中から「嫌い」を
減らせると、
毎日の中で「好き」の率が
高められるよ！
そういえば、
君はBのやり方が
得意なんだよな、
それで進めてくれ

うが好きなんです」と、好き方面からアプローチしてもかまいません。仕事だったら、そのほうがいいかもしれませんね。

何事も、喜んでやっている人は素敵です。**だから、自分が、どんなことなら喜んでやれるのか、魅力が発揮される場所を示していけばいいのです。**

こうして「好き」の純度を高めていくと、「そういう人なんだ」というキャラができてきます。徐々に、イヤなことはせずに、好きなことだけできる状況がつくられ、今いるところでも「あー楽しい」「あー幸せ」が叶っていくでしょう。

一方、「あー楽しい」「あー幸せ」と思えるように、仕事や環境から選び直したほうがいい場合もあります。

心の目盛りが0・5くらいにまで上がったところで、やっぱり今の仕事に苦痛しかなかったら、あなたが、自分の喜びを使って人を喜ばせることができる場所は、きっと、ほかにあるのでしょう。

■天は必ず、その人が輝ける場所を準備している

自分自身の仕事の喜びを、今いるところで追求するか、別の場所で追求するか。

それは、人によって違います。

ただ1ついえるのは、「あー楽しい」「あー幸せ」と思いながら誰かを喜ばせるチャンスは、誰にでも準備されているということ。

「天は必ず、その人が輝ける場所を用意しとるがね」

和平さんは、よく、こういっていました。

自分が喜びを感じない場所にいても、人は輝けません。

努力によって、ある程度はうまくいくかもしれないけれど、無上の喜びを感じることは、たぶんないでしょう。

我慢して、その場に居続ければ、自分が輝けないのはもちろん、本来、その場所で輝ける人のチャンスも奪いかねません。

やっぱり前にもいったとおり、嫌いなことや苦手なことは、がんばってできるようにならなくていい。

今いる場所で「好き」の純度を高めるにせよ、「好き」の純度が高い場所を選び直すにせよ、自分が心から喜べることで人を喜ばせるほうへとシフトしていったほうが、自分も周りも幸せにできるのです。

今はまだ、ピンとこないかもしれません。

それに、自分の喜びが、即、誰かの喜びにつながるとも限りません。

でも、心の目盛りがゼロから0・5へ、さらにイチへと限りなく近づくにつれて、いっそうイヤなことをやめ、本当にやりたいことを追求することに、自分でオッケーを出せるようになります。

そのなかで、改めて、嫌いなことや苦手なことは、がんばってやろうとせず、自分の好きの純度を高める期間をもつことも必要です。

そうしているうちに、「自分の喜び＝人の喜び」というふうに、働くことの文法が書き換わっていきます。いかに自分の喜びを使って人を喜ばせることができるかも、きっと見えてくるはずです。

■「これでいい」を「これがいい」にしていく

僕は、今の仕事を辞めて好きなことで生きていくこと、を必ずしもおすすめしているわけではありません。

劇的な変化には、つまずきも多いもの。最終的に、今いる場所から離れる選択をするかもしれなくても、まず、今いる場所で、ちょっとでもワクワクな瞬間を増やすことが大切だと思うのです。

それから、この先のことを考えたってぜんぜん遅くありません。

たとえ今の仕事が純度100パーセントで「好き」と思えなくても、今の仕事でお金を得ているから、余暇では好きなことにお金を使える、という一面もあるでしょう。

「仕事＝生活のため」と考えると、人生全体がつまらなくなってしまうけど、「仕事＝好きなことを楽しむ資金づくりのため」と考えると、それはワクワクできる人生の第一歩めとして、上出来だと思います。

ただ、そこまでで止まってしまうのは、やっぱりちょっともったいないと思います。

仕事があって、ある程度は好きなこともできる。

「それでいい」と思うかもしれないけれど、現状に感謝しながら「これがいい」を追求してほしいなと思います。

24 「自分の素晴らしさ」も「自分の喜び」も、成果とは関係ない

今いるところで、嫌いなことをしない、好きの純度を上げる。

これは、喜びとともに生きていくために大切なプロセスですが、こういった話になると、決まって「何をやっても周りに文句をいわせないくらい、成果をあげていたら、そうできるけれど……」という声が聞かれます。

業種を問わず、組織には、必ずスタープレイヤーが何人かいるものです。

そういう人ほど、好き勝手に振る舞っても、周りは「あの人は成果を出しているからなあ……」と容認する場合が多いのではないでしょうか。

どこにでも、こうした現実があるでしょう。**でも、本当は「成果を出しているかどうか」と「どう振る舞っていいか」は関係ありません。**

なぜなら、人の価値は、本来成果によって変わるものではないからです。

今までがんばってきた人ほど、この点を勘違いして、「成果が出るまでは我慢、我慢」と自分を責めたり、叩いたりしがちです。

ぜひここで、発想をガラリと変えちゃってください。

■反面教師こそ、素晴らしいお手本

そう思って、「成果を出しているかどうか」と「どう振る舞っていいか」は、必ずしも比例しないのかなあ……と周囲を見渡してみると、大した成果を出していないのに、自由に行動している人を発見できるはずです。

どの組織にもいるのではないでしょうか。成績抜群でもないのに、好きなように振る舞っていて、それでいてなぜか許されていたり、あきらめられたりしている人。

もしかしたら、今まではそういう人を見て「あの人みたいには、なるまい」なんて眉《まゆ》をひそめていたかもしれません。

自分の常識外の人をお手本にしてみよう

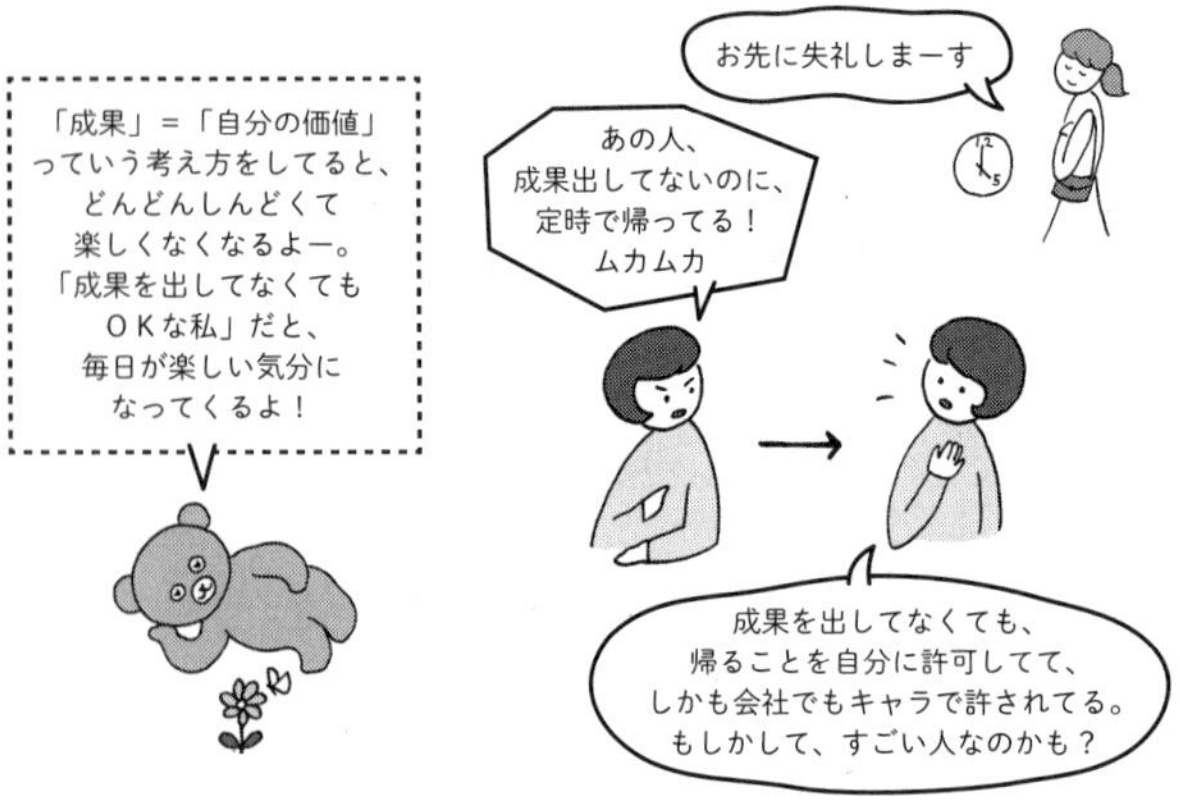
お先に失礼しまーす
あの人、
成果出してないのに、
定時で帰ってる！
ムカムカ
成果を出してなくても、
帰ることを自分に許可してて、
しかも会社でもキャラで許されてる。
もしかして、すごい人なのかも？
「成果」＝「自分の価値」
っていう考え方をしてると、
どんどんしんどくて
楽しくなくなるよー。
「成果を出してなくても
ＯＫな私」だと、
毎日が楽しい気分に
なってくるよ！

でも、考えてもみてください。その人は、成果を出していないのに自由に行動して、それなのに、今もその組織にいられる。それはなぜでしょう？

理由はただ1つ、先ほどもいったように、人の価値は、成果とイコールではないからです。

その人は、成果の大きさにかかわらず、自分はそこにいていいんだ、というメンタリティなのです。

まさに自分の価値と成果を連動させずに考え、行動できているのでしょう。

だとしたら、「あの人みたいには、なるまい」という反面教師ではなく、じつはその人こそ、お手本とすべき一人かもしれないのです。

ちょっと受け入れがたい話かもしれませんね。

それは、まだ自分のなかで、心のブレーキが利いているからでしょう。

「自分に厳しい自分」や「自分を心配する自分」が、ここでも顔を出して、「大した成果も出していないのに」「そんなことしたら後ろ指差されるよ」と主張しているのです。自分ファーストではなくて、成果ファーストになっているわけです。

でも、これも最初の章で出てきた、「謎の憲法」なのです。

抵抗を感じるあなたは、もしかしたら「身を粉にして働くこと」や「滅私奉公《めっしほうこう》」が美徳とされていた時代の、古い価値観がインストールされたままなのかもしれません。

たとえれば、時代はWindows11にまで進んでいるのに、いまだにWindows95くらいの古いOSで止まっているようなものです。

となれば、今の自分が望む価値観にアップデートする必要があります。もし成果ファーストになっていて苦しい感じがしたら、「やば、まだWindows95だったんだ、ウ

ケる〜！　アップデートしなくちゃ」と考えてください。

そうすると、また一段と自分ファーストで考え、行動できるようになっていきます。

■「成果＝喜び」は苦しい

いかがでしょう。「自分の価値」と成果は、イコールではない。同様に、「自分の喜び」と成果も、イコールではありません。

成果が出たら、誰でもうれしいですよね。それは素直に喜んでいいと思うんだけれど、**だからといって「成果＝喜び」としてしまうと、「成果を出さないと喜んではいけない」という構図になってしまいます。**

そうではなくて、成果が出ようが出まいが、「あー楽しい」「あー幸せ」って思いながら働いていていいんです。するど、どんな日だろうと、基本、「あー、今日も楽しかった」「今日も幸せだった」と思いながら家に帰れる日々になっていくでしょう。

ここでまた1つ、喜びとともに働くというステージに近づけるというわけです。

25
今いる場所には、どんな「自分得」がある？

今いる場所で「あー楽しい」「あー幸せ」を追求するのなら、何かしら「自分得《じぶんとく》」を探してみるのもいいと思います。

これは、いってみれば「職権乱用のすすめ」です。

職権乱用――聞いただけで、なんだか不純な匂いがプンプンしますよね。

でも、不純でいいのです。

そもそも「不純」とは、世の中や会社から見たら「純粋じゃない」ということにすぎません。**視点を反転させて、自分から見たら「純粋」そのもの。世間から見た不純度100パーセントは、自分にとっては純度100パーセントなのです。**

現に、いわゆる「不純な動機」があるときほど、人は一生懸命になれるものではないでしょうか。

自分の楽しみや幸せに忠実だから、つまり純度100パーセントだから、一生懸命になれるわけですね。

■「不純な動機」で大正解

僕は高校を卒業してすぐのころ、レンタカー屋さんでバイトをしていました。車が大好きな僕にとって、「動作チェック」と称して、いろんな新車に乗れるレンタカー屋さんは、最高のバイト先でした。

つまり僕は、「新車に乗れるから」という、世の中的には不純だけど、自分的には純度100パーセントの動機で、このバイトを選んだということ。そしてお金をもらいながら「新車を乗り回す」という、まさに職権を乱用していたわけです。

このバイトは、僕にとってはまさに「あー楽しい」「あー幸せ」満載の仕事でした。

そうでなくては、遊びたい盛り、モテたい盛りの10代の僕が、一生懸命バイトに勤《いそ》しむことはなかったでしょう。

そういえば、ほかにも、引越し屋さんのバイトをしていたころの仲間には、「重い家具を運ぶと筋トレになって最高」なんていっているボディビルダーもいました。

もちろん、レンタカー屋さんで、僕が職権乱用して乗り回した車は、その後、お客さんに貸し出され、お客さんはドライブを楽しんだはずです。引越し屋さんで、彼が喜んで家具を運んだことも、お客さんの喜びにつながっています。

当時はちゃんと認識していませんでしたが、みんな自分の喜びを使って、人を喜ばせるお手伝いをしていた。そうともいえるわけです。

職権乱用でいいし、不純な動機でいいから、自分の「好き」と仕事をリンクさせる。

もちろん犯罪レベルのことに足を突っ込んではいけませんが、何かしら、仕事のなかに「自分得」を探してみてください。

そんななかで、自分の喜びを使って人を喜ばせているんだ、という実感が得られることも多いのです。

26

「好き」がビジネスになる考え方

本書で話してきたことを実践していくと、感情がみるみるよみがえって、心の羅針盤の精度が上がっていきます。

どんどん、自分の生活のなかで、「好き」の純度が高くなっていきます。

マイナスからゼロ、さらに0・5に、そして0・5からイチにしていくなかで、「ゆくゆくは、自分の好きなことを仕事にして生きていけたらな」と思う日も近いかもしれません。

具体的に、どうやったら好きなことをして、なおかつお金にも恵まれるようになるかは、ケースバイケースであり、ここでは一概にはいえません。

ただ、それ以前に大切な考え方は普遍的だと思うので、この章の最後に少しお話ししておきましょう。

とはいえ、考え方といっても、とてもシンプルです。

自分が心から喜びを感じることを、イキイキとやっていたら、自然とお金もついてきて道も開かれていく。

ひと言でいえば、こういうことです。

何を、そんな夢みたいなことを……と思ったかもしれませんが、本当です。

自分が心から喜びを感じることをやっていると、それを喜んでくれる人が現われるようになり、するとお金を払ってくれる人も現われるものなのです。

■イキイキしていれば、明日にでもビジネスになる

好きなことをお金に直結させる方法がわからない、だから、好きなことをして生きていくのは無理じゃないかと考える人も多いでしょう。

それは、すべて一人で成立させなくてはいけない、と思っているからですよね。

でも、世の中には、いろいろな役割の人がいます。

前にも、自分の「苦手」は誰かの「得意」だとお話ししました。

そのロジックを今の話に当てはめれば、あなたは、ひたすら自分が心から喜べることをすればいいだけ。


人を惹きつける魅力的な熱量で好きなことをして、それを周りに発信していると、マネタイズが得意な人から「こうすると、収入につながるよー」とレクチャーがあったり、「売る場所を提供するよー」と応援が入ったり、次なるアクションにつながるのです。

だから、「好き」をどうお金にするかは、そういうことを考えることに心から喜びを感じる人に、任せてしまえばいいのです。


たとえば、魚のことが大好きで、魚の素晴らしさを世の中に伝えているさかなクン。

彼は、おそらくお金のことを考えて、今の活動を選んだわけではないと思うんです。

ただただ、魚の魅力をみんなに知ってほしい、その熱量で活動した結果、話を聞きたい人がたくさん集まり、メディアからも取り上げられ、応援する人が引き寄せられてきたのです。

決して、「ギョギョって一回いったら、一万円になるなあ」とか、「今の活動をどうマネタイズしようかな」とは考えていないでしょう（笑）。

好きの純度が本当に高いことをしているから、おそらくとっても忙しいはずのさかなクンから、疲弊感のようなエネルギーを僕たちはこれっぽっちも感じないのです。

こんなふうに、自分が心から喜びを感じることを、イキイキとやっていれば、すぐにでも、自分の好きを仕事にできる可能性があります。

ただ、これはなかなか狙ってできることではありませんし、予想がつくことでもありません。いきなり恋に落ちるのと同じで、ある日、急に動き始めるものです。

ある程度の人生設計に従って、計画どおりに働き、毎月、決まったお給料をもらい、将来はこんな感じ……。

こういうロジックで生きてきた人にとって、予想ができない、狙いもつけられない、要するに「どうなるかわからない」というのは、すごく怖いことだと思います。

そのために足がすくんでしまい、現状に甘んじてしまいたくなるかもしれません。

でも、これが「どうなるかわからないから怖い」から、「どうなるかわからないけど、おもしろーー！」となると、みるみる現状が変わっていきます。

自分一人でビジネスを成り立たせなくてはと悶々《もんもん》としなくなり、自分は自分で、ただただ心から喜べることを、イキイキとやれるようになるのです。

■自分と世の中を信じ切るということ

では、何が、このマインドを左右しているのかというと、「自分と世の中を、どれだけ信頼しているか」、じつはこれに尽きます。

「すべて一人で成立させなくてはいけない」というのは、「自分のために動いたりしてくれる人なんていない」と思っているということです。

それが、もし、自分の存在そのものが素晴らしいと信じられたら、「きっと誰かが助

けてくれるでしょ！」、**もっといえば「私を助けたら、みんなも、相当うれしいでしょ？」「ありがたいな」と、世の中のことも信じられるはず。**

パッと見た感じ、不遜《ふそん》で傲慢《ごうまん》に思えるかもしれないけれど、結局のところ、自分の好きを仕事にしていくベースになるのは、こうした信頼感と感謝なのです。

人は、不安や恐怖と、信頼感や感謝を同時に感じることはできません。

自分と世の中を信じ、感謝できるようになると、「どうなるかわからないから、怖い」が、クルリと反転して、「どうなるかわからないけど、おもしろー！」に変わってしまうというわけです。

僕の周りにも、好きなことだけして生きている人がたくさんいるけれど、僕自身を含め、そろいもそろって事務作業などのマネジメントが壊滅《かいめつ》的に苦手です。

それでも、決して少なくないお金をいただいて暮らすことができているのは、苦手なことにはあっさり白ハタを揚げて、できる人にお願いしているからなのです。

試しに、誰でもいいから、好きなことだけして、楽しく生きている人を思い浮かべてみてください。

その人が、すべて一人で成り立たせるために、苦手なことも背負って、しかめ面をしてがんばっていたら、どうでしょう。魅力半減だと思いませんか?

自分がいつもワクワクして輝いていられるよう、自分と周りを信じて、心から喜びを感じることしかしない、そう決める。「毎日を好きなことだけで埋めていく」とは、つまるところ、こういうことなのです。

そして、そういう生き方をする可能性は、一部の特別な人だけにあるのではありません。

誰にでも——そう、もちろん、あなたにも、そんな未来は開かれているのです。

Step.6

心のなかで親とつながる

27

「好きなことで生きること」は親との関係を見つめ直すこと

この章のタイトルを見て、「好きなことで生きること」と「親のこと」、なんの関係があるの？　と不思議に思った人も多いでしょう。

でも、最終的には、「好きなことで生きること」について、親（または、小さいころから自分を慈《いつく》しんで育ててくれた人）との関係に触れずに、紐解《ひもと》くことはできません。

だからこそ、本の最後となるこの章は、親とのことを振り返るパートにしたいと思います。

ぜんぶが一本の線でつながったとき、あなたのなかで、今までなぜか好きなことができなかった、その理由がクリアになるでしょう。

これまでに書いてきた章のことも思い出しながら、読み進めてみてください。

■僕たちは、親に愛されたかった

親との関係性においていえることは、その人がいなければ、僕たちは今まで生きてこられなかった、ということです。

人間は、生まれたばかりの赤ちゃんのころ、自分では何もすることができません。100パーセント誰かに依存している状態です。

食事にしても、排泄《はいせつ》にしても、親の助けなしでは生きていけません。そういう時期が必ず誰にでもあります。

だから、このときに、僕たちのなかには、「愛されなければ生きていけない」という「謎の憲法」の第1条ともいえるものが生まれるのです。

それはそうですよね。だって愛されずに、食べ物をもらえなければ死んでしまうんですから。生きていくために、まず「愛されることファースト」になるわけです。

そして、成長するに従って、次第に親はあなたのことを怒ったり叱《しか》ったりするようになります。なぜなら、そうしないと、子どもであるあなたが、この先、生きていけないと思うから。

「はやく勉強しなさい！」「いい学校に入りなさい！」「いつまでゲームしてるの！」「せっかくいい会社に入ったんだから、辞めないほうがいいわよ」「そんな好きなことでなんか生きていけるわけないだろ」と。

先ほどもいったように、子どもであるあなたのなかには、「愛されなければ生きていけない」という憲法があります。

だから、「親に愛されるため」に、こういった親の言いつけを守って「いい子」であろうとするし、前に説明した「いい人でいたい」願望も、こうやってできてきたものなのです。

つまり、じつは「好きなことをしたい、けどできない……」というのも、もっとも根底には、「親から嫌われたくない」「親に愛してほしい」があったのです。

■「好きなこと」に罪悪感を覚えるワケ

親との関係を思い返してみたとき、みなさんのなかには、「親のことを考えて、その道には進まなかった」「こんなことばっかりしていたら、親に悪い気がして……」「親の跡を継ぐために、自分の夢をあきらめた」というように、親の気持ちを汲《く》み取って、好きなことをやめた経験のある人もいるかもしれません。

これも、好きなことといっぱいで生きていた子どものころに、親や身近な大人から「そんなことしてちゃダメ」「遊んでばっかりだと、将来困るよ」といわれてきたことが刷り込まれていて、無意識のうちに「好きなことをやったら、迷惑をかけることになる」とインプットされてしまっているからです。

だから、それを打ち破って、好きなことで生きようとすると、不思議と罪悪感や申し訳なさが付きまとってくるのです。

そういう僕だって、じつはそれにとらわれていた一人です。

最初の章で書きましたが、いい車を新車で買うことになかなか許可を出せなかったのも、やっぱり親に対する罪悪感からでした。

こういう話を読んでいると、親の言うことなんて気にしなければいいじゃないか、と思うかもしれません。

でも、小さいころにインプットされた「親に愛されなければ死んでしまう」という恐怖心と、「好きなことをやったら迷惑がかかる」という憲法の効力は、簡単には無視できないくらい絶大なのです。

好きなことをしようとしても、今までなぜかできなかったという人は、「自分のなかには、親との関係によって生まれた『好きなことへの罪悪感』があるんだなあ」と客観的に自覚してみてください。

これができると、なぜ好きなことへの一歩を踏み出せなかったのかが腑《ふ》に落ちて、これからよりいっそう好きなことに動き出しやすくなるはずです。

28

「人の目が気になる」は、「親の目が気になる」

好きなことができない理由を考えたときに、「どうしても人の目が気になってしまって……」という人も多いかもしれません。

「好きなように生きる」というのは、「今までの自分だったら、やらなかったようなことをやる」ということでもあります。

だからこそ、「今までの自分」を知っている人から、どう見られるかが気になるもの。

僕も、SNSに投稿するときなど、「これを高校時代の友だちが見たらどう思うかな……」と不安だった時期があるので、その気持ち、よくわかります。

それにしても、どうして、僕たちは人の目を気にしてしまうのでしょう。

もちろん表面的には、今までの自分を知っている知人や友人に嫌われたくない、笑われたくない、否定されたくない、バカにされたくない、があります。

でも、その奥底にあるものも、じつは「親の目」です。

そう、やっぱり僕たちは、「親に」嫌われたくない、「親に」笑われたくない、「親に」否定されたくない。だから、やりたいことに向かって前進できなくなってしまうことが多いのです。

■看守の声も、親の声だった

こうした「親の目」が気になるというのは、親が厳しかったとか、ゆるかったというのは、あまり関係がありません。

なぜなら、どれほどゆるい親であったとしても、子どもに何かしらの言いつけを与えるものだから。

そう考えてみると、きっとわかるでしょう。

ふだん、「これをしたら、ダメなやつだと思われるんじゃないか」と気になってしまう「人の目」も、自分のなかにいる看守が「やっちゃダメ！」と上げる声も、もとは「親の目」であり、「親の声」なのだと。それを自分が「ですよねー」と採用した結果が、「好きなことができない」だったのです。

この話を聞いてみていかがでしょうか。

「親に不自由な考え方を植え付けられたから、自分は好きなことで生きていけないんだ！」と思ったでしょうか。

はたまた、「好きなことをしたかったのに、親に反対された！」「そういえば、親は私の気持ちをわかってくれずに、応援してくれなかった！」「やっぱり親が悪かったんじゃないか！」と、過去の記憶がよみがえって、恨みにも似た気持ちが沸き上がってきたでしょうか。

でも、1つわかってほしいことがあります。

それは、このブレーキこそが親の愛だった、ということです。

■親は、あなたに不幸になってほしくない

小さいころからいわれ続けてきた、親のうるさい言いつけ。これが好きなように生きたい自分を邪魔するブレーキの根源だった、と知って憤《いきどお》りを感じた人もいたかもしれません。

でも、冷静に考えてみてください。完璧な親なんていないんです。子どもを授かって、どうしたらいいかもわからないことだらけのなかで、試行錯誤しながらあなたを育ててきたのです。

だから、失敗することもあるし、必要以上に口うるさく言い過ぎたこともあったかもしれません。

ただ、ここでみなさんに伝えたい一番大切なことは、親というのは、あなたが幸せに

なってくれる以上に、不幸にだけはなってほしくない、と思っていることです。

その思いがあるから、「赤信号を渡っちゃダメだよ」から「いい学校に入れるようにがんばろうね」となり、「好きなことで生きていくなんて、甘い考えはやめておきなさい」になっていく。

親自身の経験から、「それをやったら危険が多い」「この道を進んだら苦労する」と思うことを、子どもであるあなたが味わわなくて済むように、教えてくれているのです。

これは、まさしく親の愛以外のなにものでもありません。

だって、もし他人の子どもが「会社辞めて好きなことを始めたいんだ」といってきたら、「辞めちゃえばいいじゃない」とあっさりいうでしょう。

あえて反対するのは、ほかでもない、自分の子どもだから。

ときには、うるさがられようと、嫌われようと、それだけのエネルギーを使って言いつけをしてきたのは、あなたに大変な目にあってほしくない、という大きな愛情ゆえだ

ったのです。

■ブレーキを愛に塗り換えてしまおう

でも、僕たちはもう大人です。

子どもを心配する親の言いつけに、今のあなたが縛られ続ける必要はありません。

そして、もう「好きなことをやりたかったのに、反対された」と親を憎む必要さえありません。

だって、自分にブレーキをかけてきた親の言いつけは、すべて自分に対する親の深い愛情の表われだった、とわかったのだから。

だからこそ、自分のなかに「これをしちゃダメ」という謎の憲法や看守の存在を発見したら、「うわぁー、自分ってこんなに愛されてるんだ」と考えてみましょう。

ブレーキを感じるたびに、それに恐れや不安を覚えるのではなく、何年越し、何十年

ブレーキも愛だと受け止めるとクリアに

もっと安定してる
仕事のほうが
いいんじゃないか？
そんなことしちゃ
危ないから、
やめなさいよ
Go
Go
この忠告も親の愛。
うんうん。
抵抗せずに、受け取って
愛に変換すると、「やっちゃダメ」
ブレーキが解けていくよー

越しの親からの愛を受け取るのです。

謎の憲法も看守も親からの愛の刻印だったのですから。

こうやって変換できるようになると、あなたに好きなことをさせないようにしていたブレーキは、癒されて自然と外れていきます。

ブレーキに気づくこと自体が喜びにさえなるし、その愛を力に変えて、好きなことに進んでいけるようになるのです。

29

苦言も後ろ指も、ぜんぶ「愛されてるなあ」で解決！

先ほど、親に与えられたブレーキは、すべて愛情だったんだとお話ししました。

そう思っていれば、現実に今、親から何か苦言を呈《てい》されたとしても、「愛されてるなあ」と思えるはずです。

親から苦言や忠告をされた場合、受け止め方として重要なのは、「親のあなたに対する愛情の深さ」は、「親があなたを理解する深さ」と決してイコールではない、ということをわかっておくこと。

これらをイコールだと思ってしまうと、親に理解されなかった瞬間に、もう親に愛されていないんだと思ってしまいがちになります。

ところが、真実は、あなたの「好きなこと」を理解してあげられていないけれど、あなたをとても愛していて、それゆえに忠告をしていたのです。

そもそも苦言を呈するとき、親は親で、あなたに理解してほしくていっています。それに対して「私はこうしたいの！　なんでわかってくれないの？」とファイティングポーズを見せると、親もまた、「あなたのためを思っていっているのに、どうしてわかってくれないの？」と応戦します。

こういう「理解してほしい合戦」は、ずっと平行線のまま、終わりがありません。どちらかが言い負かされて終結となったら、むしろまた憎しみが芽吹いてしまうでしょう。

だから、言いつけをされたら、悶々《もんもん》としたまま親のブレーキを適用するわけでも、理解を求めて戦うわけでもなく、愛情だけを素直に受け取ってしまうのがいいのです。

■「ありがとね」の魔法の力

このように、「愛されてるなあ」と思うと、親との不幸せな戦いを防ぐことができます。

といっても、苦言を呈されているときに「愛されてるなあ」なんていったら、親は「は?」となるだけなので、これは心の中で思うだけ。

口に出すのは、その先にある感謝の言葉、「心配してくれて、ありがとね」です。

こうして、苦言の根本にある愛情を受け止めたサインを示すと、親の気持ちは、いったん収まります。

そして気持ちが収まると、「あなたの好きなようにしなさい」と、応援する側に回ってくれることも多いのです。

■もう、ネガティブな反応を怖がらなくていい

これから好きなように生きていったら、周りの人から後ろ指を差されることがあるかもしれません。バカにされたりすることもあるかもしれません。

でも、仕組みがわかったみなさんは、もう怖くないはずです。

親の苦言と同様、周りの人の後ろ指もバカにするのも何もかも、じつは、すべて愛情です。ネガティブな反応を見せられても、「ああ、愛されてるなあ」と受け止めれば、怖がる必要はありません。

人間は、人とのつながりがなくては、生きていけない動物です。

古来、狭いコミュニティのなかで協力して食べ物を確保し、子育てをし、助け合い……僕らの祖先は、そうやって生き延びてきました。

村八分《むらはちぶ》になったら確実に飢《う》えて死んでしまうから、コミュニティのなかで、うまい

ことできるかどうかが、まさに死活問題だったのです。

その遺伝子は、現代を生きる僕たちにも、しっかりと受け継がれています。

だからこそ、僕たちは、人と協力して何かを達成することができる。でもその反面、「人から嫌われたくない」「人と違うように見られたくない」という思いが強いというのも事実です。

僕たちの遺伝子には「村八分＝死！」と書き込まれているのだから、仕方ありません。やっぱり自分の意思で、自分を再教育していく必要があるでしょう。

そこでキーワードとなるのが、お伝えしてきた「ああ、愛されてるなあ」なのです。後ろ指を差す人、バカにする人。彼らに「理解」はされていないけれど、「ああ、愛されてるんだなあ」と受け取ってほしいのです。

だって、考えてもみてください。後ろ指を差したり、バカにしたりするのだって、けっこうエネルギーがいるし、そうすることで、逆にあなたから憎まれる危険もあります。

つまり彼らは、わざわざそのエネルギーを、あなたのために使ってくれているわけです。

あなたのなかに生きている「村八分＝死！」という遺伝子は、もちろん、彼らのなかにも生きています。

そこで、あなたに憎まれる役割を買って出てまで、「そんなことしたら、人から嫌われるよ、やめたほうがいいよ、死んじゃうよ」と心配してくれているのです。

どうでしょう。そう考えてみると、かなり愛情深いな～と思いませんか？

だから怖がる必要なんていっさいなくて、ただ、愛情だけを受け取ればいい。彼らに「愛されてるなあ」と感謝だけして、あとは自分の好きなようにしていいのです。

もちろん、面と向かって苦言を呈されることがあったら、そこは親のときと同様、「ありがとね」と、愛情を受け取ったサインを示すといいでしょう。

そうはいっても、けっこう難しいなと思ったかもしれませんね。

頭では理解できても、周囲からネガティブな反応を見せられたら、やっぱり自分の感情もネガティブに振れてしまって、ブレーキをかけてしまうこともあるでしょう。

そんなあなたには、僕のメンターの一人で、カナダ人セラピストのクリストファー・ムーンさんがいっていた、この言葉を贈りましょう。

「頭とハートの距離は、世界一周よりも遠い」

もちろん、頭で理解したことをハートにまで落とし込めると、一気に変わるのだけど、じつは、ハートですぐ理解するのは簡単ではない場合もあります。

でも、まずここで、頭で理解してもらえたのなら、それだけでも大違いだと思ってほしいのです。

まずは頭で理解できた自分にオッケーを出して、あとは時間がかかってもいいから、ネガティブな反応に出会うたびに「愛されてるなあ」ってつぶやいて、少しずつハートに落とし込んでいってください。

30 オフになった情熱をよみがえらせる

前の章で、好きなように生きていくには、マイナス状態をゼロに戻して、そこからさらに0・5、イチへと上げていく、という話をしましたね。そのためにも、無気力で無感動な状態ではいけません。

悲しみも怒りも喜びも、しっかり感じることができて初めて、嫌いなことは極力少なく、好きなことは極力いっぱいにしながら、ワクワク生きていくことができるからです。

ところが、親の言いつけを聞いて、いろんなことを我慢してがんばってきた人は、たいてい心がマヒしていて、ほぼ好きなことへの情熱がオフになってしまっています。

本書のテーマは、「毎日を好きなことだけで埋めていく」ことだけど、それは、心のマヒ状態をケアし、情熱をオンにするプロセスと、ほぼ同じといっていいでしょう。

たとえば「失敗しないようにがんばらなくちゃ」というのは、当たり前のことだと思うかもしれないけれど、じつはこれも情熱をオフにさせていく心のブレーキです。

「失敗しないようにがんばらないと、自分は愛されない」と思い込んでいるから、自由にワクワク好きなように生きることが、できなくなってしまうのです。

そうなっているのは、おそらく過去に失敗して親や先生から怒られたり、上司に責められたりした経験があるからでしょう。これも原点は「親に愛されたい」なのです。

こういったときの悲しみが強かったために、「失敗＝嫌われる、愛されない」という法則ができあがってしまったのだと思います。

■情熱は「悲しみ↓怒り↓マヒ」の順でオフになっていく

この場合、情熱は、悲しみ↓怒り↓マヒの順で、次第にオフになっていきます。

失敗して責められて悲しかった。その悲しみが相手に伝わらないと、「なんでわかってくれないんだー！」と怒りが生じます。

そしてその怒りすらも伝わらないと、「もう、いいや……」というあきらめとともに、心がマヒしていきます。

こうして、悲しみや怒りはもちろん、喜びまでも感じられない、無気力で無感動な情熱のない状態になっていってしまうのです。

では、怒り↓悲しい↓マヒの順でオフになりつつある情熱を、どうしたら、ふたたびオンにできるでしょう。

まず大切なのは、オフになる順序の最初、つまり「悲しみ」に、しっかり寄り添ってあげることです。

「失敗して責められて悲しかったね」

「もう愛されないって思っちゃったんだね。悲しかったね」

というふうに。

すると、悲しみの次にあった怒りも、少しずつ成仏《じょうぶつ》していきます。
そして心のマヒ状態が解消され、ふたたび情熱がオンになってよみがえっていきます。と同時に「失敗したら嫌われる」「失敗したら愛されない」という思い込みも解消されます。
過去に失敗したときにいわれたことは、すべて憎しみではなく、愛情ゆえのことだったんだと、ここでも気づくことができるからです。

こうなると、「失敗しないようにがんばらなくては、嫌われる」という恐怖は、もうほとんど消えてしまって、恐怖からではなく、愛されている実感とともに動けるようになります。

よみがえった情熱とともに、自分のワクワクベースで生きられるようになっていくのです。

31

親に感謝をしながら、自分のやり方で幸せになろう

親というのは、我が子には絶対に不幸になってほしくないと思っているものだ、とこの章でお伝えしてきました。

親が子どもの人生に口出しするのも、数十年も先に生きてきた年長者として、子どもが不幸にならないために与えるアドバイス。

「不幸にならないように」という、巨大な愛そのものだということは、わかっていただけたかと思います。

ただし、ここで問題となることが多いのは、「数十年も先に生きてきた年長者として」という部分。

親が生きてきた時代と、自分が生きている時代には、数十年のギャップがあります。**ということは、親が生きてきた時代の幸せの基準と、自分が生きている時代の幸せの基準には、数十年分のズレがある、ということなのです。**

■親孝行とは、あなたが幸せに生きること

たとえば、数十年前は、できるだけ安泰《あんたい》な大企業に就職するのが、1つの大きな幸せの形でした。

だから多くの親は、子どもを不幸にしたくない一心で、「勉強をがんばって、いい大学に入りなさい」「正社員として雇《やと》ってもらえるよう、とにかく大学だけは出なさい」といってきました。

でも、今はそうともいえないですよね。大学生のときに起業して成功する人もいるし、学歴主義でさえも、以前よりは薄くなってきています。もっと極端な例を出せば、「将来の夢はユーチューバー」なんていう子どもがたくさんいる時代です。

何が正しいか、という話ではありません。

大事なのは、親の時代と自分の時代とでは、幸せの基準が違うかもしれない、という前提で考えること。

親の時代には、当然ユーチューバーはいなかったし、人間というのは経験のないことには臆病《おくびょう》になるものです。だから親が理解できないことをしようとすれば、反対されるのも無理もないこと。

さらにいえば、そもそも親と自分は違う人間なのだから、何を幸せと感じ、何を不幸と感じるかは、違っていて当たり前といってもいいでしょう。

だから、たとえ親のいうことが真っ当だったとしても、それが自分の考える幸せの形とは違うと感じたら、親のいうとおりにするという一択でなくていいのです。

そして、ここからが一番大切なこと――。

親は、たくさんの言いつけをしますが、親が本当に望んでいることは、親のいうとおりにあなたが生きてくれることではありません。

どんな生き方をするにせよ、あなたが不幸にならずに幸せになってくれることが、じつは最大の親孝行なのです。

「お父さんとお母さんにいわれてきた生き方とは違うけれど、私、不幸じゃないよ、幸せだよ」といえるようになることが、親と子の両方にとって一番の正解なんだと考えてみてください。

僕たちは、親と子でお互いに愛するがゆえに、「好きなことで生きられない」という不幸な十字架をこれまで背負い続けてきました。

でも、ここまで読んでくださったみなさんは、もうわかっていただけたはずです。もう好きなことをするのに、罪悪感はいらないのです。

これまでいろいろな危険から守ってくれた「親の愛」に、最大の感謝の気持ちをもってそこから自立できたとき、あなたのブレーキは、一斉に外れていきます。

ここから、好きなことで生きていくあなた自身の新たな人生が、軽やかにスタートするのです。

エピローグ

思えば僕も、中高生のころ、よく父や母と衝突していました。

何かやろうとしても、自分のしたいことを応援してくれず、いつも頭ごなしに反対されるような感じがして、世間でよくある親子ゲンカもしていました。

どうして僕のしたいことを応援してくれないの？

親なんだから、僕のことわかってくれるよね？

理解してくれないのは、愛していないから？

当時は、うまく言語化できませんでしたが、こんなふうに感じて、寂しさから反抗していたのでしょう。

しかし僕も大人になり、子どもを育て、親の立場になってみると、そこに大きな誤解があったことに気づき始めました。

親だからといって、子どものすべてがわかるわけではない。

「愛情の深さ」と「理解の深さ」は、必ずしも比例するものではない。

こんなことがわかるようになったのも、我が子が何を望んでいるのか完全にはわからなくても、僕は子どもを確実に愛しているなあ、と気づいたからです。

そして、この気づきが得られたときから、僕はさらに自由に生きられるようになりました。

なぜなら、かつてさまざまな忠告や反対をしてきた僕の両親も、僕の望みが完全にはわからなくても、愛してくれていたんだとわかったからです。

このことが腑に落ちるまでは、僕自身、

「好きなことをやったら、また理解されずに悲しい思いをするのかなあ？」

「また、愛されていないと思ってしまうのではないだろうか?」

と、このブレーキを「寂しさの塊《かたまり》」のように感じ、これ以上悲しい思いを味わわなくて済むように、好きなことをやることに、どこかストップをかけていました。

でも、そのブレーキの正体は、「子供を不幸にしたくない」「幸せになってほしい」という愛情そのもの。氷のように冷たく感じていたブレーキが、じつはもっとも温かいものだったと気づいた瞬間、僕のブレーキは一斉に外れていったのです。

今では僕も、親から愛情をたくさん受けて育ったことを実感できます。

一方、子どもに愛情をたくさん注いでいきたいと思いつつ、愛情をうまく伝えることの難しさに、直面することもあります。

どこの家にも少なからずある、親と子の愛情のすれ違い――。

それさえ上手に表現してわかりあえたら、奥底にある愛を上手に受け取りあえたら、僕たちはもっと安心感に包まれながら、自由に生きていくことができるのです。

だから、ぜひみなさんも、愛を伝えること、愛を感じることに臆病にならないでほしいと思います。

僕自身、まだまだ愛情のぶきっちょさんではありますが、親からもらった愛情を少しでも子どもや世の中に回すことができたら、こんなにうれしいことはありません。

いつも僕に愛情を注いでくれている、両親、妻、子どもたち、友人、そして読者のみなさまに、心からの感謝を伝えたいと思います。

最後までお読みいただき、ありがとうございました。

２０１９年６月　梅雨が始まり雨音が心地よい東京の自宅にて

本田晃一

本書は、2019年7月、小社から単行本で刊行された
『毎日を好きなことだけで埋めていく』を文庫化したものです。

一〇〇字書評

切り取り線

購買動機（新聞、雑誌名を記入するか、あるいは○をつけてください）	
□（　　　　）の広告を見て	
□（　　　　）の書評を見て	
□ 知人のすすめで	□ タイトルに惹かれて
□ カバーがよかったから	□ 内容が面白そうだから
□ 好きな作家だから	□ 好きな分野の本だから

●最近、最も感銘を受けた作品名をお書きください

●あなたのお好きな作家名をお書きください

●その他、ご要望がありましたらお書きください

住所	〒				
氏名		職業		年齢	
新刊情報等のパソコンメール配信を 希望する・しない	Eメール	※携帯には配信できません			

あなたにお願い

この本の感想を、編集部までお寄せいただけたらありがたく存じます。今後の企画の参考にさせていただきます。Eメールでも結構です。

いただいた「一〇〇字書評」は、新聞・雑誌等に紹介させていただくことがあります。その場合はお礼として特製図書カードを差し上げます。

前ページの原稿用紙に書評をお書きの上、切り取り、左記までお送り下さい。宛先の住所は不要です。

なお、ご記入いただいたお名前、ご住所等は、書評紹介の事前了解、謝礼のお届けのためだけに利用し、そのほかの目的のために利用することはありません。

〒一〇一‐八七〇一
祥伝社黄金文庫編集長　萩原貞臣
☎〇三（三二六五）二〇八四
ohgon@shodensha.co.jp

祥伝社ホームページの「ブックレビュー」からも、書けるようになりました。
www.shodensha.co.jp

祥伝社黄金文庫

毎日《まいにち》を好《す》きなことだけで埋《う》めていく

令和 5 年 4 月20日　初版第 1 刷発行

著　者　本田晃一《ほんだこういち》

発行者　辻 浩明

発行所　祥伝社《しょうでんしゃ》

〒101－8701
東京都千代田区神田神保町 3－3
電話　03（3265）2084（編集部）
電話　03（3265）2081（販売部）
電話　03（3265）3622（業務部）
www.shodensha.co.jp

印刷所　堀内印刷

製本所　ナショナル製本

Printed in Japan　© 2023, Koichi Honda　ISBN978-4-396-31838-3 C0130

祥伝社黄金文庫

石井裕之
ダメな自分を救う本
人生を劇的に変えるアファメーション・テクニック
潜在意識とは、あなたの「もうひとつの心」。それを自分の味方につければ……人生は思い通りに！

石井裕之
自分を好きになれないキミへ
SNSでは癒せない孤独のために
辛いとき、苦しいとき、「半分でいいんだ」と、つぶやいてごらん。すっと気持ちが軽くなるから。

石井裕之
大切なキミに贈る本
「幸せ」ってなんだろう？
キミをもっと幸せにするためのメッセージが凝縮されています。潜在意識に働きかけるフォト&メッセージブック。

美月あきこ
ファーストクラスに乗る人のシンプルな習慣
3%のビジネスエリートが実践していること
CAだけが知る、成功者の共通点は、今すぐ実践できることばかり！「人生逆転」「商売繁盛」のヒントが満載！

美月あきこ
ファーストクラスに乗る人のシンプルな習慣2
3%の成功者が実践する「聞き方」「伝え方」
成功者は会話だけで魅了する〝人たらし〟だった――なぜ人を動かせるのか？そのコミュニケーション術を学ぶ。

植西 聰
人を立てるとうまくいく
人間関係に悩まなくなる93のコツ
家族、同僚の自己重要感、大事にしてますか？　相手の自己重要感を満たすちょっとした習慣。